Hans J.K. Flöel

Richtig Brennholz machen

Vom Baum zur Feuerstelle

ökobuch

Staufen bei Freiburg

Die Anwendungsempfehlungen in diesem Buch wurden nach bestem Wissen und entsprechend dem aktuellen Stand der Technik zusammengestellt. Für Unvollständigkeit, Irrtümer und Druckfehler sowie für Unfälle bei der Handhabung von Werkzeugen und Maschinen kann aber weder vom Autor noch vom Verlag eine Haftung übernommen werden. Beide sind aber für konstruktive fachliche Hinweise dankbar.

Bibliografische Information der Deutschen Nationalbibliothek

Die Deutsche Nationalbbliothek verzeichnet diese Publikation in der Deutschen Nationalbibliografie; detaillierte bibliografische Angaben sind im Internet unter http://dnb.d-nb.de abrufbar.

ISBN der 1. Auflage: 978-3-936896-25-1
ISBN der 2. und 3. Auflage: 978-3-936896-36-7

1. Auflage, Staufen 2007
3. verbesserte und erweiterte Auflage 2010
4. Auflage 2012

© ökobuch Verlag, Staufen bei Freiburg 2007, 2010
Internet: www.oekobuch.de

Druck: fgb, freiburger graphische betriebe, Freiburg

Inhaltsverzeichnis

Liebe Leserin, lieber Leser,

vor Ihnen liegt ein Exemplar der nunmehr vierten Auflage dieses Ratgebers für alle, die mit Holz heizen.

Bestärkt durch mannigfachen Zuspruch gehe ich davon aus, dass die meisten Leser sich detailliert über die vielfältigen Handhabungen und Handgriffe informieren wollen, damit das Feuerholzmachen sicher und geschickt vonstatten geht und zum nützlichen „Hobby" werden kann.

„Für die große Zahl der Anfänger in Sachen Brennholz" – so die *Forstlichen Mitteilungen* – „ist das Buch die ideale Einführung und Begleitung ..." – Das dürfte der Hauptgrund sein für den Erfolg des Buches und die große Nachfrage nach solchen Informationen.

Ob Sie nun zu den „Anfängern" gehören oder als alter Hase Ihre Fertigkeiten mit den meinen abgleichen möchten: Ich wünsche Ihnen jedenfalls viel Spaß beim Lesen und ebenso beim unfallfreien Brennholzmachen. Auch würde ich mich freuen, von dem Einen oder der Anderen dazu einmal eine Meinung oder Erfahrung zu hören.

Hamburg, im November 2011

Hans J.K. Flöel
Schulteßdamm 12
22391 Hamburg
hbfloeel@web.de

Dank

Der Autor dankt Barbara und Karsten Flöel, Felipe della Croce, Dieter Schröder und neben anderen Ratgebern insbesondere Förster Hansen, Tischler Weschenfelder (†) sowie allen Firmen, die Bildmaterial und Text zur Verfügung gestellt haben.

Brennholz und sein Mehr-Wert

Als ich einmal einem Freund tatkräftig half, aus einem riesigen Birnbaum Brennholz zu machen, blutete mir das Herz. Zum einen, weil der ehrwürdige Baum noch gute Früchte trug, aber entfernt werden musste, zum anderen aber auch, weil es um die handwerkliche Geschicklichkeit des Freundes und vor allem um seine Werkzeuge arg schlecht bestellt war. Daraus erwuchs die Idee für dieses Buch. Sinn und Zweck ist es, darzustellen, wie und womit Brennholz einfacher, sachkundiger und damit auch weniger anstrengend, ja mit Freude zu machen ist.

Die vielseitigen Arbeiten, die nötig sind, um einen Baum in handliches Feuerholz zu verwandeln und unter Dach zu bekommen, können zu einem wertvollen Ausgleichssport werden, zu einem schönen Hobby, das unsere ganze Geschicklichkeit herausfordert und uns stolze Ergebnisse einbringt. Denken Sie an die Tätigkeit im Freien, im Garten oder sogar in bester Waldluft und an die Vorfreude auf gemütliche Stunden am Kamin oder Kachelofen. Gesundheit, Fitness und die wohlige Wärme brennenden Holzes, das ist doch die denkbar beste Motivation.

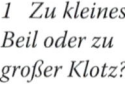

1 Zu kleines Beil oder zu großer Klotz?

Auch der Spareffekt spielt eine wichtige Rolle, heute mehr denn je! Ja, er hat inzwischen sogar einen ausgesprochen hohen Stellenwert. Die Preise für fossile Brennstoffe sind um ein Vielfaches gestiegen, während beispielsweise der fällige Baum aus Nachbars Garten noch immer kostenlos zu haben ist. Dass außerdem der Wunsch nach mehr Unabhängigkeit von Kohle, Öl und Gas ständig größer wird, ist angesichts der Ereignisse und Entwicklung auf dem Energiemarkt mehr als verständlich.

Hinzu kommt: Wo immer Sie auch Hand anlegen, Sie können sich auf die Schulter klopfen und sich zugute halten, dass Sie auf Ihre Weise die noch immer zu wenig genutzte Sonnenenergie als Heizenergie nutzen. Holz ist in Form von Biomasse gespeicherte Sonnenenergie, die uns ganz vorzüglich zum Einsparen von Heizöl, Gas oder Kohle dienen kann. Denn eigentlich sind die fossilen Energieträger, die nicht erneuerbaren Ressourcen, viel zu wertvoll zum Verheizen – und obendrein forcieren sie den bedrohlichen Treibhauseffekt (der u.a. durch Freisetzung von dauerhaft gebundenem Kohlendioxyd entsteht) mehr, als es die Verbrennung von Holz tut.

Vieles spricht dafür, Ihr Heim mit Holzfeuer zu wärmen. Diesen wertvollen Brennstoff selbst zu beschaffen und auf Vorrat zu haben, sollte Ihr Ehrgeiz sein und zu einer Ihrer liebsten Freizeitbeschäftigungen werden.

Doch Brennholz ist so einfach nicht gemacht. Vom Fällen und Kleinkriegen übers Trocknen (Stapeln) bis zum genüss-

2 Handliche Birkenstämmchen ...   *3 ... sind auch eine Freude fürs Auge.*

lichen Nachlegen in der Feuerstelle ist ein ziemlich weiter, ja manchmal sogar dorniger Weg. Man könnte sie beinahe harte Arbeit nennen, diese entspannende Tätigkeit, brächte sie uns nicht so viel Freude, Befriedigung und Erfolgserlebnisse. Wer weiß, vielleicht liegt das daran, dass wir uns mit einer der ältesten und früher überlebenswichtigen Beschäftigungen der Menschheit befassen? Holz ist schließlich der früheste Brennstoff überhaupt!

Wie auch immer: Es spielen viele Gründe eine Rolle, wenn zunehmend mehr Menschen sich dem Brennholzmachen widmen und die Zahl der Holzfeuerstellen in den Haushalten unaufhaltsam wächst.

Natürlich können Sie sich das Feuerholz auch für gutes Geld vor die Tür karren und es sogar noch an der Hauswand aufstapeln lassen. Ein Hobby wäre das aber sicher nicht! Und von Kosteneinsparung könnte kaum noch die Rede sein.

Ein echtes Hobby ist es, als *„Selbstwerber"* (wie es in der Fachsprache heißt) in den Wald zu stapfen und eigenhändig fürs Ofenfutter zu sorgen. Man glaubt kaum, wie viele gesunde Rumpf- und Kniebeugen nötig sind, um so auch nur einen durchschnittlichen Kofferraum oder einen kleinen Anhänger mit Holz zu füllen. Hobby ist natürlich auch, im eigenen oder im Nachbargarten einen überfälligen Obstbaum zu entfernen und alles, was da herunter oder aus der Erde kommt, als Brennholz zu verwerten.

„Brennholz", so zitierte mein Großvater gern seinen Großvater aus dem Thüringer Wald, *„heizt dir ein paar Mal ein!"* Er musste es wissen, dieser Ur-Ur-Großvater aus dem neunzehnten Jahrhundert. Er wie auch die Generationen vor und nach ihm haben ihren Wald schon damals zu pflegen und zu nutzen verstanden. Denn ohne Holz war das Leben nicht denkbar.

Aus Kindheitstagen habe ich noch heute die Holzfuhren mit den schweren Gäulen vor Augen. Und dann auf dem Hof die Stämme, die Berge von Holzblöcken und -scheiten! Die mussten nach einem Sommer im Freien richtig, das heißt luftig unter Dach gestapelt werden.

Denn man wusste natürlich schon damals: *Brennholz kann gar nicht trocken genug sein!*

Meine lebenslange Erfahrung ist, dass Brennholzmachen mindestens fünf Mal einheizt: Das erste Mal beim Fällen, dann beim Sägen, das dritte Mal beim Hacken und Spalten, dann beim Stapeln und schlussendlich beim Feuern. Okay, ich weiß natürlich, dass auch Golf ein herrliches Freizeitvergnügen ist. Man ist dabei sportlich gekleidet, wohlerzogen und gesellig. Doch schließt das eine das andere aus?!

Lassen Sie uns beim urigen Hobby „Brennholzmachen" bleiben, dem Aufbereiten dieses immer wichtiger werdenden regenerativen Energieträgers. Wir wollen mit der Frage beginnen, welches Holz geeignet ist und welche Werkzeuge benötigt werden. Wir wollen über diese Werkzeuge („Old Boys Toys") und über das Fällen von Bäumen sprechen und etwas über das sachgerechte Sägen und Spalten, über das Verbrennen und vieles mehr lernen.

So gesehen sind es eigentlich sogar mehrere Hobbys, von denen hier zu reden sein wird. Wie gesagt: Hobbys, die *richtig* angepackt, ebenso viel Freude wie Entspannung und sogar eine gehörige Portion Körperertüchtigung schenken.
Klar, fast jeder meint, sägen und hacken zu können. Aber: Es richtig anpacken, das ist es, wobei dieses Büchlein beraten

4 *Wenn man ausschließlich mit Holz heizt, kann das Hobby in Anbetracht der benötigten Mengen in Arbeit ausarten.*

möchte. Denn es gibt viele Kniffe und Tipps, die Kraft- und Zeitaufwand ersparen und die Ärger, unnötigen Werkzeugverschleiß und Verletzungen vermeiden helfen – Tipps, die das Hobby „Brennholz machen" erst zum wahren Freizeitvergnügen werden lassen.

Ein solches Vergnügen ist es jedenfalls, wenn Sie Ihre Feuerstätte „nur" als Zusatzheizung genießen. Mit diesem Grundgedanken habe ich die Ratschläge eigentlich zu Papier gebracht. Denn ein ganzes Haus ausschließlich mit selbstgemachtem Stückholz (Scheiten) zu beheizen – da findet das „Hobby Brennholzmachen" wohl seine Grenzen und muss schlicht Arbeit genannt werden.

Die hier aufgezeigten handwerklichen Tipps gelten dabei aber gleichermaßen, sofern Sie dann nicht anstelle eines Kaminofens eine andere, größere Holzfeuerungsanlage (Zentralheizung) gleich mit entsprechend aufbereitetem Brennmaterial (z.B. Pellets oder Hackschnitzeln) nutzen. Ausführungen zu solchen weit aufwändigeren Anlagen sind nicht Ziel dieses Büchleins.

Gutes Gelingen also beim zukünftigen und zünftigen Brennholzmachen. Als Lohn der Mühen winkt viel Freude beim Einheizen! Wie sonst könnten Sie die ganz spezielle, wohlige Wärme eines Feuers so richtig genießen?

Welche Holzarten eignen sich?

Woher nehmen – und wieviel?

Die Frage, welche Holzarten für Brennholz geeignet sind, ist recht einfach zu beantworten: Grundsätzlich können alle naturbelassenen Hölzer gut und gern als Brennmaterial verwendet werden. Laub- oder Nadelholz, Buschwerk oder Wurzelstock – alles ist nützlich.

6 Von „A" wie Ahorn...

7 ... bis „Z" wie Zypresse sind alle Holzarten grundsätzlich als Brennholz geeignet.

Die Antwort darauf, wo sich Brennholz finden lässt, ist ebenso einfach: Tausend Gelegenheiten bieten sich an, gegen geringes Entgelt oder kostenlos Brennholz unters eigene Dach zu bekommen. Denn Abfälle (Schwarten und Leisten) aus der Sägemühle, Obstbäume und Fliederbüsche aus dem Garten oder Meterholz aus dem Staatsforst – alles ist bestes Heizholz, wenn es richtig aufbereitet und gelagert ist. Auch unbehandelte Hartholzabfälle aus der Möbel- oder Fensterfabrik sind nicht zu verachten, so man sie bekommen kann.

Ausnahmen

Es gibt einige Holzprodukte, die Sie nicht verbrennen dürfen! Die Verordnung über Kleinfeuerungsanlagen vom 14.3.1997 verbietet das Verbrennen

- von Holz, das gestrichen, mit Holzschutzmitteln behandelt, lackiert oder beschichtet ist, sowie
- von Sperrholz, Spanplatten, Faserplatten oder sonstigen verleimten Hölzern.

Dieses Verbot gilt für kleine Feuerungsanlagen mit einer Nennwärmeleistung bis 15 Kilowatt. Die im Wohnbereich gebräuchlichen

Öfen, Kaminöfen und Kachelkamine haben, von Ausnahmen abgesehen, eine DIN-Nenn-wärmeleistung zwischen 6 und 10 kW, fallen also unter diese Einschränkung der Kleinfeuerungsanlagenverordnung.

Ansonsten aber: Wenn der Lebensbaum (Thuja) oder die Eibe (Taxus) aus dem Vorgarten verschwinden muss und dieses feine Holz nicht einem Drechsler angedient werden kann, sollten Sie es sich als Brennholz zunutze machen. Und wenn Nachbars Birnbaum zu alt oder seine Birke zu mächtig wird, wenn das

8 Die Natur heilt Wunden: Baumscheibe mit Granatsplitter...

harzreiche Kiefernholz (Pinus) aus einem Holzeinschlag oder Windbruch im Forst angeboten wird: Greifen Sie zu!

Es soll schon vorgekommen sein, dass einem dabei die Sünden aus der Vergangenheit oder aus der eigenen Lausbubenzeit begegnen. Dann nämlich, wenn die Säge aufkreischt, weil sie unversehens auf den Nagel trifft, den Sie als Kind zum Klettern eingeschlagen haben, oder gar auf einen Bombensplitter, wie es mir bei einer alten Lärche ca. 40 Jahre nach dem „Einschlag" passiert ist. Eine solche Narbe aus traurigen Tagen kann wiederum, wenn Ihnen so etwas zusagt, als Baumscheibe zu einem dekorativen Andenken aufbereitet werden. Von solchen Überraschungen und den zum Verheizen nicht erlaubten Holzprodukten abgesehen, können Sie bei

9 Nicht für die Holzwirtschaft, aber als Brennholz wertvoll: Von den Forstleuten im Wald aufgeschichtetes Rundholz ist preiswert zu haben.

12   Welche Holzarten eignen sich?

allen erwähnten und anderen Gelegenheiten mit Freude und Genugtuung wertvolles Brennmaterial gewinnen.

Bevorzugte Holzarten

Welche Holzart Sie nun für Ihre Feuerstelle bevorzugen, müssen Sie selbst entscheiden. Denn die Wahl der Brennholzart ist, wie gesagt, auch ein wenig Ansichtssache. Nicht jeder liebt am offenen Kamin zum Beispiel das spritzige Fichtenholz, den eher langweiligen, dafür aber heißeren und längeren Brand der Eiche oder den süßlichen Duft der Birke, den würzigen von Wacholder oder, oder ... Kirschbaum beispielsweise ist nicht nur ein schönes Möbelholz, sondern auch ein gutes Brennholz, dessen Geruch mich aber immer an Katzendreck erinnert... Mehr zu den Holzarten im Kapitel „Heizen" auf Seite 58.

Häufig wird übrigens auch viel gutes und nützliches Holz vernachlässigt und als „zu dünn" der Abfallgrube übergeben oder in den Schredder (Häcksler) geschoben. Kleine Bäumchen, Äste, Zweige und Reisig ersetzen natürlich keine Eichenklötze, sind aber zumindest ein hervorragendes Anfeuermaterial und vorzüglich geeignet zum erneuten Anfachen der verglimmenden Glut.

10 Fällreste:
Die Bruchleiste
ist deutlich er-
kennbar (siehe
auch Seite 34).

Wussten Sie zum Beispiel, dass der Fliederbusch ein Holz hervorbringt, das an Härte und Gewicht die Birke und sogar die Buche übertrifft – ja, dass das Fliederholz es in dieser Beziehung mit dem Holz der berühmten deutschen Eiche aufnehmen kann? Wer also eine Feuerstelle im Haus hat oder haben will und das Holz eines übermäßig wachsenden Flieders zum Abfall wirft, ist selbst schuld ...

Selbstwerbung im Staats- oder Privatforst

Natürlich ist und bleibt der *Wald* die ergiebigste, niemals versiegende Bezugsquelle für Brennholz. Achten Sie einmal darauf: Sie werden erstaunt sein über die Fülle der Möglichkeiten – und erfreut über die erholsame Freizeitarbeit im Forst.

11 Meterscheite ab Waldwege

Der *Holzabsatzfonds*, eine Institution zur Absatzförderung der deutschen Forst- und Holzwirtschaft *(www.holzabsatzfonds.de)*, fasst das in seiner Broschüre „Zukunftssicher heizen" so zusammen:

„Bereits an der Waldstraße kann der Selbstabholer gespaltenes und ungespaltenes Meter- und Zweimeterholz erwerben und zu Scheitholz oder Hackgut aufbereiten. Auch sogenannte Selbstwerbung im Wald ist über die Forstämter und Waldbesitzer möglich. Der Selbstwerber (Holzkäufer, der im Wald alle Arbeiten einschließlich des Risikos selbst übernimmt) übernimmt in Eigenregie Fällen, Aufarbeiten, Sägen, Spalten und den Transport des Holzes. Die Eigenwerbung hilft, die Brennstoffkosten zu verringern, sie erfordert aber

12 Sturm und Schnee schaffen Brennholz (Bruchholz).

auch Sachkunde und eine angemessene Ausrüstung."

Auf die letzte Aussage werde ich in diesem Büchlein noch mehrmals zu sprechen kommen, auch auf die Gefahren: Waldarbeit ist zwar erholsam und nutzbringend, birgt aber auch besondere Tücken und Unfallgefahren und will daher gekonnt sein (vgl. Absatz *Fällen* auf Seite 30).

Was Ihnen der Wald sonst noch an Brennholz bietet, ist zum Beispiel der *Schlagabraum*, das Waldrestholz, wie Forst-

14   Welche Holzarten eignen sich?

leute diese Fällreste nennen. Es handelt sich um die
Spitzen (Kronenholz), um
die Äste und die Stammab-
schnitte, die nicht als Nutz-
holz (Werk- und Bauholz)
verwertbar sind. Dieses Holz
wird von den Forstarbeitern
an der Einschlagstelle zurück-
gelassen. Das Restholz würde
zwar, wenn es liegen bliebe,
über die Jahre zu wertvollem

13 Brenn-
holzverkauf als
Nebenerwerb
auf einem Hei-
dehof.

Humus zerfallen, stört andererseits aber unter Umständen
den Nachwuchs im tiefen Tann oder die Neuanpflanzung und
darf daher von Ihnen möglichst bald nach der Holzabfuhr ab-
geräumt werden (Genehmigung nicht vergessen!).

Eine andere günstige Gelegenheit, an leicht zerkleinerbares
Brennholz zu kommen, sind die *Durchforstungsreste*. Dieses
handliche Schwachholz fällt bei der Pflege jüngerer Waldbe-
stände an und summiert sich bundesweit jährlich zu Millio-
nen von Kubikmetern. Sie sollten Ihren Bedarf aber rechtzei-
tig anmelden. Die Nachfrage der Energieindustrie (für Zell-

Durchschnittspreise für Brennholz pro Raummeter (Oktober 2011)		
	Nadelholz	*Laubholz*
Aufarbeitung in Selbstwerbung	ca. 15 bis 20 €	30 bis 40 €
Kaminholz (zum Vergleich) - brennfertig ab Bauernhof - brennfertig geliefert - sackweise ab Baumarkt - sackweise ab Tankstelle	ca. 80 € 90 €	ca. 100 € ca. 110 € ca. 160 € ca. 250 €
Schlagabraum aus Flächenlos, je nach Fläche, Menge und Holzart	ca. 5 bis 8 €/m³	
1 m³ geschichtetes Feuerholz[*)] ersetzt je nach Holzart und Trockenheit den Heizwert von ca. 160 bis 200 l Heizöl extra leicht, entsprechend 90 bis 115 €		
[*)] Vorsicht: Ein Schüttraummeter (ungeschichtet) ergibt gut 25% weniger Holzvolumen pro Kubikmeter!		

stoff, Hackschnitzel, Pellets) ist immens! Die Folge: Auch unser Kaminholz, wenn nicht aus Freundes Garten, sondern aus dem Forst erworben, ist teurer geworden.

Manche bäuerlichen Waldbesitzer fällen und transportieren das Holz selbst und bieten es auf ihrem Hof als *Meterware, Spaltware* oder als fertig zerkleinertes Feuer-

14 Der Koffer-raum wird für den Abtrans-port dieser Holzmenge nicht reichen!

holz an. Sie sehen: Die Möglichkeiten, an Holz für Ihre Feuerstelle zu kommen, sind vielfältig.

Für die Holzbeschaffung aus dem Wald hier noch ein paar Gedanken zu Fragen nach der benötigten Holzmenge, nach den Kosten und dem dafür erforderlichen Zeitaufwand. So interessant diese Fragen auch sind: Ich traue mir nur Denkanstöße für Einsteiger zu, denn neben der Erfahrung beeinflussen viele individuelle Umstände die Realität.

15 Bestes Bu-chenholz für den übernäch-sten Winter, vom Forst-amt gegen er-schwingliches Geld verkauft, wird heim-geholt (unten).

Die benötigte *Holzmenge* beispielsweise kann drei – oder auch zwanzig Kubikmeter (Raummeter, Ster) betragen. Lesen Sie zur Platzfrage auch auf Seite 55. Die kleinste Menge brauchen Sie, wenn Sie nicht ständig, aber gekonnt einen mittelgroßen Raum beheizen. Die große Menge ist in etwa erforderlich, wenn Sie ein ordentliches Einfamilienhaus ausschließlich mit Brennholz angenehm warmhalten wollen. Dabei spielen

u.a. Ihre Heizgewohnheiten, die Art der Feuerstelle sowie des Holzes, die Wärmedämmung des Hauses und natürlich die Strenge des Winters eine große Rolle.

Noch schwieriger ist es, sich über *Kosten* zu orientieren. Als Selbstwerber im Wald müssen Sie je nach Region, Einschlagstelle, Holzart,

Abnahmemenge usw. mit Preisunterschieden rechnen. Genaueres können Sie nur von der zuständigen Försterei erfahren. Nur dort ist auch bekannt, was gerade anliegt: Restholz, Sturmholz, Durchforstungsmaterial und und...

Die Tabelle auf Seite 15 gibt einige Richtwerte, die einen Vergleich zu anderen Bezugsmöglichkeiten erlauben. Die Preise ziehen durch den steigenden Bedarf an, bewegen sich aber offensichtlich bundesweit und auch in Österreich und der Schweiz etwa auf gleichem Niveau.

Der enorme Preisvorteil veranlasst so manchen Brennholzverbraucher, eine ganze Einschlagfläche voll mit kreuz und quer liegendem Restholz zu erwerben bzw. zu ersteigern. Vielerorts gibt es diese Möglichkeit. Doch Vorsicht: Selbst mit Freunden geteilt, können Sie sich dabei übernehmen! Einmal abgesehen davon, dass Sie entsprechende Lagermöglichkeiten brauchen, kann das Hobby schnell zur Profi-Arbeit werden, wenn Sie sich beispielsweise darauf einlassen, ein ehemaliges Stück Wald (Los) von 60 – 70 Kubikmetern Holz zu befreien.

16 Manche nennen es Knochenarbeit, andere sportive Freizeitbeschäftigung. Quelle: Kuratorium für Waldarbeit u. Forsttechnik e.V. (www.kwf-online.de)

Falls Sie das Ihrer Kondition zutrauen, das Werkzeug stimmt usw., ist es ratsam, vor dem Zuschlag genauer und zusammen mit dem Förster zu klären,

- wieviel Holz zu bewältigen sein wird,
- wie das, was da alles liegt, beschaffen ist (Stammholz, Äste),
- wie weit und schwierig die Strecke zum Fahrzeug (Hanglage, Gestrüpp) ist, auf der Sie vielleicht tausend Zentner (50 t) Holz schleppen müssen (70 m³ à 700 - 800 kg)
- ob Sie einen LKW oder einen Landwirt mit Traktor und Hänger für den Transport zur Hand haben,
- wieviel Zeit Ihnen der Förster für die „Räumung" gibt (wichtig wegen Neuanpflanzung!) und

- ob Sie gegebenenfalls auf die Einschlagfläche fahren dürfen.

Die *Zeitfrage* ist kaum zu beantworten, denn hier kommt es selbstverständlich ebenfalls vor allem auf Sie selbst, Ihr Arbeitsgerät und auf die oben geschilderten Umstände an. Es wird Ihnen kaum helfen, wenn ich als ungefähre Faustregel sage, dass Sie für 1 m³ ofenfertiges Holz etwa 10 bis 20 „Mannstunden" benötigen. Nur die Erfahrung vor Ort wird Ihnen die richtigen Erkenntnisse geben.

Gegebenenfalls kann eine Motorschubkarre gute Dienste tun – eine nicht billige, aber wesentliche Erleichterung beim Transport Ihrer Holzscheite bzw. -klötze im Schritttempo. Durch die 4 Räder und einen relativ starken Motor wird, besonders bei Hanglagen, enorm viel eigene Kraft gespart. Und mit zusätzlichem Schneeschild (anstelle der Wanne) wird im Winter auch das Wegeräumen zur Freude (Hersteller: Power Pac, Anschrift siehe Seite 76).

17 Lesescheine gibt es kaum noch. Reisigsammelnde Mutter, um 1880. Quelle: dpa Picture-Alliance

Ansonsten: Von der Arbeit im Flächenlos abgesehen, sollte uns die *Hobby-Philosophie* heilig sein. „Time is money" bleibt der Berufswelt vorbehalten. Wie wollte man auch, was mir fern liegt, eine Zeit-/Kostenkalkulation zuwege bringen, wenn man mit Verschnauf- und Plauderpausen den Birnbaum des Freundes zu Brennholz macht?

18 Motorschubkarre, Zuladung 140 kg

18   Welche Holzarten eignen sich?

Gutes Werkzeug – leichtere Arbeit

Diese alte Handwerker-Weisheit gilt selbstverständlich auch für alle Geräte, die Sie zum Brennholzmachen benötigen. Wer sich heute noch erinnern kann, wie man sich in den Kriegs- und Nachkriegsjahren mit verschlissenen Werkzeugen, mit stumpfen und verschränkten Sägeblättern, zerdroschenen Keilen und mit schlecht gestielten, schartigen Äxten herumplagen musste, der weiß, wovon ich spreche.

Was nicht heißen soll, dass Sie sich nicht auch heute noch z.B. Keile nach eigenem Gutdünken zuhauen oder –sägen können (siehe rechts und Seite 71). Für Sie dürfte es heute kein Problem sein, ein neues Gerät zu erwerben oder z.B. das stumpf gewordene Sägeblatt einer Bügelsäge auszutauschen. Denn daran zu sparen, hieße am falschen Ende zu sparen. Womit wir schon bei einem der wichtigsten Werkzeuge für unser Hobby sind, nämlich der Säge.

19 Ein Holz-keil Marke Eigenbau – nach Gebrauch wandert er in die Brennholzkiste.

Die Säge

Beim Brennholzmachen kommt es bekanntlich nicht so sehr auf präzise, glatte Schnittflächen an, sondern vielmehr auf klemmfreies, scharfes Schneiden von meist grünem, teilweise nassem und manchmal harzigem Holz.

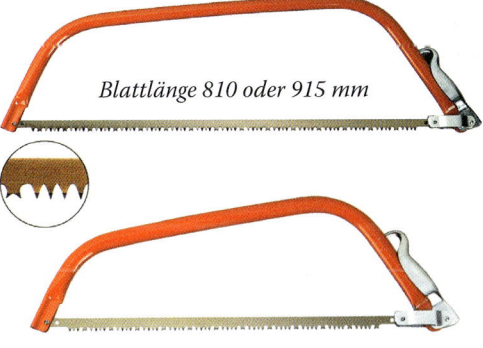

Blattlänge 810 oder 915 mm

Neben der Motorsäge, über die wir uns später Gedanken machen, eignet sich dazu vor allem die *Bügelsäge*, mit einem Sägeblatt, das möglichst grob gezahnt ist. Inzwischen gibt es zweckmäßige Sägeblätter zu kaufen, solche, die besser für frisches, und andere, die eher für trockenes Holz geeignet sind. Legen Sie sich für einen Austausch am besten beide Sägeblätter zu, wenn Sie sich das Zerkleinern von grünfeuchten und ausgetrockneten Hölzern mit der passenden Zahnung erleichtern wollen. Zwei solcher Bügelsägen sollten Sie haben,

20 Große und kleine Bügelsäge mit gehärteten, dauerhaft scharfen Zähnen. (Marke Dominicus). Quelle: Fa. Grube Forstgerätestelle

eine mit einer Blattlänge von 80 bis 90 cm für dickere Stämme und eine für Äste und andere dünnere Hölzer mit einer Blattlänge von ca. 50 cm. Auch wenn die gehärteten Zähne dauerhaft scharf sind, so heißt dauerhaft nicht ewig. Bevor das Sägen zur Quälerei wird, sollten Sie sich ein neues Sägeblatt gönnen.

Alternativ oder zusätzlich zur kleineren Bügelsäge ist die Anschaffung einer guten *Handsäge* oder *Astsäge* (kleine Zugsäge) zu empfehlen. Die ist zwar nicht billiger als eine Bügelsäge, aber enorm handlich und schneidfreudig. Und sie ist besser geeignet, um am stehenden Baum oder im gefällten Geäst in enge Zwischenräume zu kommen.

Praktisch ist auch der *Köcher mit Gürtelschlaufe.*

Die Astschere

Eine Astschere ist nicht nur für den Gärtner da. Sie ist auch für alle Liebhaber von dünnerem Heizmaterial eine überaus praktische Hilfe. Damit lässt sich mehr als daumendickes Ast- und Buschwerk schneller und einfacher als mit dem Beil zu wertvollem Anmachholz zerkleinern. Die Abbildung zeigt als Beispiel eine zweischneidige Astschere (Fa. WOLF) mit doppelter Hebelübersetzung für Äste bis 44 mm Durchmesser.

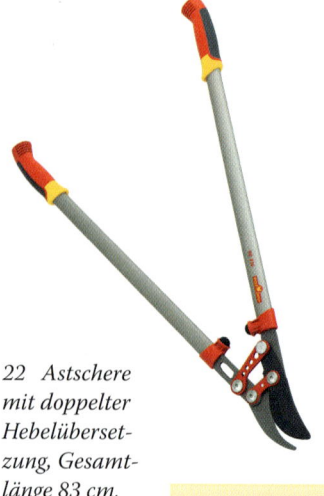

Für den Feierabend ein Hinweis: Werkzeuge nachts nicht draußen liegen lassen, sondern trocken aufbewahren! Nächtlicher Niederschlag und Morgentau verursachen am blanken Metall schnell einen Rostansatz, der das nächste Sägen ungemein erschweren kann. Passiert es trotzdem einmal, dann ist ein Sprühöl hilfreicher als die früher benutzte Speckschwarte.

Äxte und Beile

Fürs Spalten und Hacken gehören zur kompletten Werkzeugausrüstung eines guten Brennholzmachers zunächst zwei *Äxte* und ein *Beil*. Diese ältesten und vielseitigsten Werkzeuge der Menschheit werden für die Holzbearbeitung (und nicht nur dafür!) seit Jahrtausenden hergestellt, zuerst aus Stein, vor vier- bis etwa zweitausend Jahren aus Bronze und dann aus Eisen bzw. heute aus hochlegiertem Chromstahl.

Axtschneide aus Stein vor 5000 Jahren

Zugegeben: Das heute verfügbare Angebot mit seiner Vielzahl von Formen, Größen und Gewichten kann eine Kaufentscheidung ziemlich schwer machen. Da Sie aber sicher weder Köpfe ab- noch Balken behauen wollen, bemühen wir besser andere Kriterien: Der Grad Ihrer persönlichen Geschicklichkeit im Umgang mit diesem nicht ungefährlichen Werkzeug, vor allem aber der Verwendungszweck sind ausschlaggebend bei der Wahl der Beile bzw. Äxte (zur Klärung: Beile sind kleine Äxte).

Axtschneide aus Bronze vor 2500 Jahren

Moderne Axtschneide aus Chromstahl

23 *Entwicklung der Axt.*

Mit einigem Zutrauen in Ihr Können sollten Sie sich für folgende Werkzeuge entscheiden:

Handbeil, Marke Ochsenkopf

- für ein kleines, leichtes *Handbeil*, Stiellänge ca. 40 cm, Gewicht um die 700 g, fürs Abschlagen und Zerkleinern von Ast- und Buschholz, fürs Spalten von dünnerem Rundholz, für das Anspitzen von Pfählen etc.

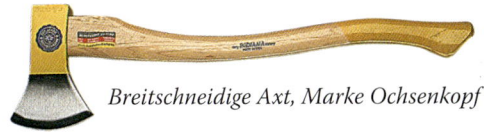

Breitschneidige Axt, Marke Ochsenkopf

Spaltaxt, Marke Fiskars

- für eine *breitschneidige Axt*, Stiellänge 70 bis 80

24 *Zur Grundausrüstung gehören ein Beil und zwei Äxte. Quelle: Fa. Grube FORSTGERÄTESTELLE*

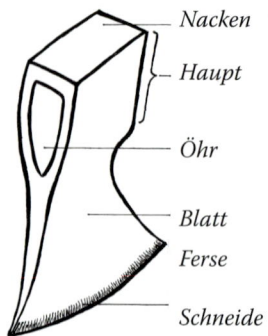

Nacken

Haupt

Öhr

Blatt

Ferse

Schneide

25 Bezeichnung der Teile einer Axt

Schnitt- und Fällkeil aus Leichtmetall

Fäll- und Spaltkeil aus Aluminium mit Holzeinsatz

Stahlspalt-keil mit Kunst-stoffeinsatz

Holzkeil, selbst zugehauen

Stahl-Vorschlaghammer

26 Verschiedenartige Keile. Einige Abbildung sind dem Fachkatalog der GRUBE KG, FORST-GERÄTESTELLE (Anschrift siehe S. 76).

cm, Gewicht ca. 1.200 g, vor allem fürs Entasten, und

- für eine *Spaltaxt*, Stiellänge 80 cm, Gewicht mindestens 2000 g, fürs Klobige.

Besonders zu beachten ist bei der Spaltaxt, auch „Schlägelhacke" genannt (Schlägel = Hammer), dass sie sich auch als Keilwerkzeug verwenden lässt, also schon einen ordentlichen Schlag mit einem schwereren (Kunststoff-) Hammer auf die Schlagkappe (auch Nacken genannt) verträgt. Denn allzu leicht öffnet sich bei normalen Äxten und Beilen durch Hammerschläge das Öhr und gibt (ganz unangenehm!) den Stiel frei. Achten Sie beim Kauf der Spaltaxt also auf ein möglichst keilförmiges Blatt, ein gedrungenes Haupt und auf eine starke Schlagkappe.

Wo bei der Axt die so menschlich bezeichneten Teile zu finden sind, ist in der Skizze links (Abb. 25) zu sehen.

Mehr dazu können Sie dem Kapitel „Hacken und Spalten" (Seite 44) entnehmen. Dort erfahren Sie, dass es, wie beim Fällen, auch beim Spalten von Stämmen kaum ohne die Retter in höchster Not, nämlich die Keile geht.

Keile

Wer jeder schwierigen Situation gewachsen sein möchte, sollte die folgenden drei bis vier Arten von Keilen zur Hand haben:

- *Schnitt- und Fällkeil* aus Leichtmetall oder Kunststoff,
- *Fäll- und Spaltkeil* (ein Alu-Keil mit Holzeinsatz),
- *Stahl-Spaltkeil* mit Kunststoffeinsatz,
- *Holzkeil* (selbst zugehauen, vgl. Abb. 108).

Sehr nützlich ist ein mittelschwerer Stahl-Vorschlaghammer (Gewicht 4 - 5 kg), um den Kunststoff- oder Holzkeil einzutreiben, und ein Hartplastikhammer, um dem Stahlkeil oder der Spaltaxt eines aufs Haupt zu geben – dabei aber nie Stahl auf Stahl schlagen (vgl. den Hinweis auf Seite 46).

Motorsägen

Ein Thema für sich ist die Anschaffung einer Kettensäge und der Umgang mit ihr. Ich meine, wenn man „Ja" sagt zum Brennholzmachen, sollte man sich ernsthaft mit diesem Thema auseinandersetzen. Auch der Förster und viele (nicht alle) Waldbesitzer haben heute keine Einwände mehr, wenn wir unser Feuerholz mit der recht geräusch- und gefahrvollen Motorsäge direkt im Wald aufbereiten. Dies geht nur unter bestimmten Voraussetzungen (Seiten 24 und 38) und muss selbstverständlich mit dem Forstmann (Waldbesitzer oder Forstdienststelle) abgesprochen sein!

27 In gebührender Entfernung: Anweisungen für den richtigen Gebrauch der Motorsäge.

Also: Möchten Sie einen ordentlichen Vorrat an Heizholz anlegen, auch die Sägearbeit selbst bewerkstelligen und es dabei auch mit dickeren Stämmen aufnehmen, so kommen Sie um eine Kettensäge und entsprechende Schutzkleidung kaum herum. Vom Ausleihen einer solchen Maschine ist so wenig zu halten wie vom Borgen eines Fahrrads, also kaufen Sie sich eine eigene!

Bei der Auswahl der Motorsäge sind zunächst zwei Kriterien wesentlich: Wer sein Holz im eigenen Garten oder jedenfalls in der Nähe einer Steckdose sägen will, der fährt gut mit einer *Elektro-Kettensäge*. Mit diesem Gerät erfreuen Sie die Nachbarn mit einem Geräusch, das in etwa an eine Zahnbehandlung erinnert.

Eine gute Maschine, wie z.B. die abgebildete von GÜDE, ist ziemlich leicht zu handhaben; ihre Lärmentwicklung hält sich in erträglichen Grenzen – dafür benötigt sie Stromkabel und Steckdose. Wollen Sie davon unabhängig sägen, bedarf es einer mit Benzin betriebenen *Motor-Kettensäge*.

28   Die elektrische Kettensäge ist vergleichsweise leise und dennoch sehr leistungsfähig (Leistung 1800 Watt, Gewicht ca. 5,8 kg, 35 cm Schwertlänge).
Quelle:
Fa. GÜDE

Die Motor–Kettensäge

Mit einer solchen Maschine erwerben Sie in jedem Fall mehr: mehr Bewegungsfreiheit in Garten und Forst, mehr Power am klobigen Stamm, ein größeres Gefahrenpotential sowie mehr Geräusch- und Geruchsentwicklung und mitunter auch leichten Stress.

Wenn Sie das in Kauf nehmen, werden Sie mit diesem faszinierenden Gerät Freude haben und Befriedigung finden: Im Wald kommen Sie damit in kürzester Zeit zu viel spaltbarem Material – und die Freunde bzw. Nachbarn bieten Ihnen mitunter Bäume zum Nulltarif an: „Nur fällen und mitnehmen!"

Doch der Umgang mit der Motorsäge ist nicht ganz so einfach und birgt manche Gefahr. Waldfacharbeiter müssen dafür Seminare absolvieren! Sie sollten jedenfalls auch an einem der von Forstämtern angebotenen Lehrgänge teilnehmen. Der Abschluss ist in einigen Bundesländern bereits Voraussetzung für das Arbeiten mit der Kettensäge im Wald. Die in den Anleitungen des Herstellers gegebenen einschlägigen Arbeitsschutzanweisungen sind dringend zu befolgen (siehe auch die Abschnitte über *Fällen* und *Sägen mit Motor*, vgl. Seite 32 und 38). Dass eine gute und vollständige Sicherheitskleidung zu tragen ist, verlangen die Unfallverhütungsvorschriften zu Recht. Die Abbildungen in diesem Ratgeber machen es deutlich: Im Wald wird kein Förster Sie als Selbstwerber ohne diese Ausrüstung mit der Kettensäge arbeiten lassen.

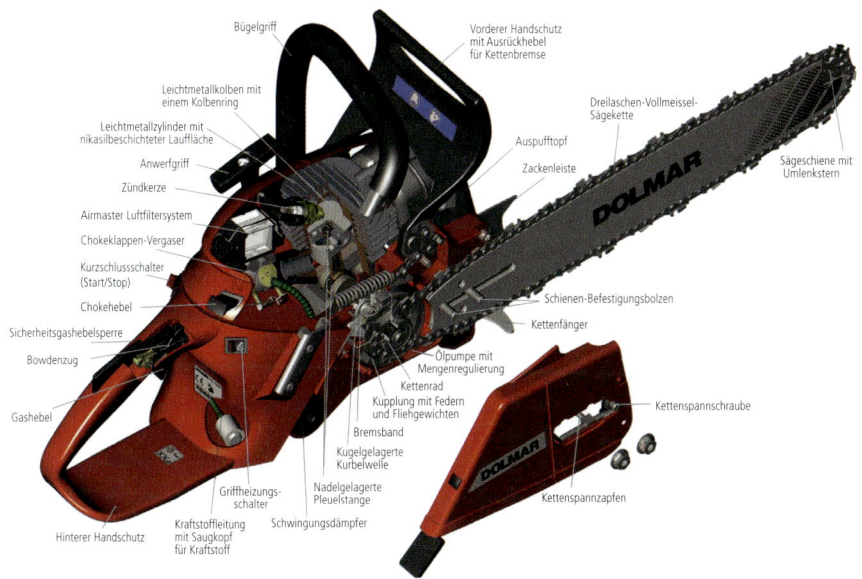

Bügelgriff
Vorderer Handschutz mit Ausrückebel für Kettenbremse
Leichtmetallkolben mit einem Kolbenring
Leichtmetallzylinder mit nikasilbeschichteter Lauffläche
Dreilaschen-Vollmeissel-Sägekette
Anwerfgriff
Zündkerze
Auspufftopf
Zackenleiste
Sägeschiene mit Umlenkstern
Airmaster Luftfiltersystem
Chokeklappen-Vergaser
Kurzschlussschalter (Start/Stop)
Chokehebel
Schienen-Befestigungsbolzen
Sicherheitsgashebelsperre
Kettenfänger
Bowdenzug
Ölpumpe mit Mengenregulierung
Kettenrad
Kettenspannschraube
Gashebel
Kupplung mit Federn und Fliehgewichten
Bremsband
Kugelgelagerte Kurbelwelle
Griffheizungs-schalter
Nadelgelagerte Pleuelstange
Kettenspannzapfen
Hinterer Handschutz
Kraftstoffleitung mit Saugkopf für Kraftstoff
Schwingungsdämpfer

29 *Aufbau einer Motorsäge. Quelle: Fa.* DOLMAR

Ein bisschen Aufregung und Stress werden bei der Arbeit trotz alledem nicht ausbleiben. Eine Motorsäge ist ein temperamentvolles Kraftpaket, das gut beherrscht werden will, nicht nur beim Sägen – auch vorher und danach, denn sie muss sauber gehalten werden und soll flott anspringen, was einander bedingt. Will sie trotzdem nicht gleich starten, geht der Stress schon los. Außerdem ist das richtige Mischungsverhältnis des Treibstoffes (In der Regel *Zweitaktmischung = 1:25*) zu beachten und an das Leeren des Tanks bei längerer Nut-

30 *Die Motorsäge bietet mehr Bewegungsfreiheit und Unabhängigkeit vom Stromanschluss. Hier ein Modell zum Brennholzsägen mit 2 PS Leistung, 4,2 kg Gewicht und 30/35 cm Schwertlänge. Darüber Transportkoffer und Doppeltank-Kanister für Zweitaktmischung und Kettenöl.
Quelle: Fa. Andreas* STIHL

31 Scheibenweise mit Stoppuhr: Brennholzsägen als sportlicher Wettbewerb in Kanada.

zungspause (ab ca. 3 Monaten) zu denken. Zum Geräusch kommt das Gewicht, mit dem man oft in gebückter Haltung umgehen muss – und eine gewisse Angst, dieses rasende Wunder der Technik könnte unserer Kontrolle entgleiten, was nicht ganz unbegründet ist.

Gleichwohl bereitet das effiziente Arbeiten mit einer gut funktionierenden Kettensäge viel Freude. Es ist auch ein sportliches Hobby, das Kraft und viel Konzentration erfordert.

Bei allem, was ich gesagt habe und weiter zum Thema Motorsäge ausführen werde, über die Anschaffung entscheiden Sie: nach Abwägung Ihrer Bedürfnisse, nach Ihrem Vertrauen in die eigene Geschicklichkeit und nach fachkundiger Beratung beim Händler.

Kreissäge

Das Zerkleinern der Stämme lässt sich natürlich auch mit einer Kreissäge erledigen. Speziell zum Brennholzmachen gibt es sehr praktische Wipp-Kreissägen. Leichter, schneller und sicherer lässt sich Meterware kaum in spaltbare Klötze verwandeln, wenn Sie die relativ hohen Kosten in Kauf nehmen und über den Stellplatz verfügen.

32 Wippkreissäge zum Zusägen von Brennholz Quelle: Fa. BGU, Südharzer Maschinenbau

Arbeitskleidung und Schutzausrüstung

Neben gutem Werkzeug ist auch eine zweck-mäßige Arbeitskleidung wichtig. Sie hilft Unfälle zu vermeiden und verhindert weitgehend, dass Sie sich weder mit Werkzeug und Maschine noch im Gestrüpp verheddern. Je nachdem, welche Aufgabe Sie sich vorgenommen haben, ist eine entsprechende *Schutzausrüstung* notwendig!

Harzige Hände mögen Geschmacksache sein. Bissige Sägezähne oder Holzsplitter im Finger können die Hobbyarbeit aber kolossal vermiesen. Sie sollten deshalb am besten immer mit guten Halbleder-*Arbeitshandschuhen* ans Werk gehen. Damit sind Sie vor Verletzungen an den Händen leidlich geschützt.

Ist Gefahr durch fallende Äste zu befürchten, so ist ein *Schutzhelm* unentbehrlich. Bei Arbeiten mit der Motorsäge sind außerdem zu tragen:

33 Schutzausrüstung fürs Brennholzmachen.

- *Ohrschutzkapseln* mit Kopfbügeln oder einzelnen Kapseln, die sich am Helm befestigen lassen, zumindest aber Ohrstöpsel
- ein *Augenschutz*. Hier bietet sich die auch für andere Arbeiten bewährte Schutzbrille an oder ein Gesichtsschutz mit Gitter.
- *Hosen mit Schnittschutzeinlagen* und
- *Stiefel mit Stahlkappen.*

Letztere sind übrigens auch für Arbeiten mit Axt und Vorschlaghammer dringend zu empfehlen.

34 Sicherheitshose mit Schnittschutzeinlage und geschützte Gummistiefel.
Quelle: Grube Forstgerätestelle

35 Handelsüblicher Sägebock aus Holz

36 Sägebock aus Metall. MultiPlus TRESTLE Fa. Makuba Heimwerker GmbH

37 Selbstgebauter Sägebock aus Holz, seit 30 Jahren bewährt.

Der Sägebock

Ohne diese alte Erfindung geht es auch heute nicht. Stabil, standfest und zusammenklappbar sollte der Sägebock sein. So können Sie ihn sogar an die Wand hängen und natürlich auch mit in den Wald nehmen. Wer den Ehrgeiz hat, sich selbst einen Sägebock zu bauen, findet eine Skizze mit Materialliste auf der nächsten Seite.

Ansonsten gibt es im Handel preiswerte Sägeböcke in unterschiedlich starken Holzausführungen, die den Eigenbau erübrigen (Abb. 35). Achten Sie beim Kauf auf Stabilität!

Vorsicht ist geboten beim Arbeiten mit der Kettensäge auf dem Sägebock! Das Holz kann rollen oder gar aus der Gabel springen. Dieser Gefahr begegnen Sie mit einem Sägebock aus Stahlprofilen mit stabilen Zacken (Abb. 36).

Übrigens: Manche Möchtegern-Profis bauen sich noch besondere Gestelle, um mit der Kettensäge mit einem Schnitt ganze Rundholzstapel zu zerkleinern. Vergessen Sie das bitte: Die Gefahr einer Verletzung (auch der Maschine) oder eines Unfalls mit der Kettensäge ist zu groß. Diese Art der Rationalisierung hat auch nichts mit unserer Einstellung zu tun, Brennholzmachen als Hobby und Freizeitbeschäftigung zu verstehen.

Apropos Verletzungen: Mögen Sie davon verschont bleiben. Ich habe mir stets den Respekt z.B. vor der Fliehkraft
einer flott geschwungenen Axt und ebenso eine gewisse
Ängstlichkeit (Angst = Vorsicht!) vor der Gewalt einer
Motorsäge bewahrt. Ich weiß auch immer die Notarzt-
Rufnummer und den schnell erreichbaren Aufenthaltsort
meines Verbandskastens ...

Mit diesen Werkzeugen und Maschinen, mit der schützenden
Ausrüstung und dem Sägebock sind Sie erst einmal bestens
versorgt für Ihr Hobby Brennholzmachen. Es kann natürlich
noch das eine oder andere dazukommen, wie Sie beim weiteren Lesen feststellen werden.

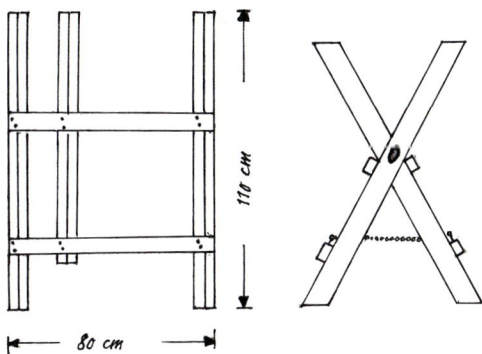

*38 Bauplan mit Materialliste
für einen Selbstbau-Sägebock.*

*Beherzte Bastler werden mit die-
ser Zeichnung und der Materialliste eines Tischlers (mit unver-
bindlichen Maßen) ihren Sägebock mit dreifacher Auflage selbst
bauen können.
Die Stollen sind paarweise aus-
zuklinken.
Viel Spaß beim Eigenbau...*

Materialliste	Länge	Querschnitt
4 Latten	110 cm	6 x 4 cm
2 Latten	90 cm	6 x 4 cm
4 Latten	80 cm	5 x 2,5 cm
1 Rundstab o. Vierkant	80 cm	3 cm ø
6 Schloßschrauben	80 mm	6 mm ø
24 Holzschrauben	55 mm	5 mm ø
1 Kette		

Das Fällen

39 Bäume, die nah am Haus stehen, können sehr lauschig sein. Werden sie zu groß, nehmen sie viel Licht, geben viel Feuchtigkeit ab und stellen bei Sturm eine Gefahr fürs Haus dar.

Die grüne Natur mit ihrem unbändigen Drang zum Wachsen ist ein Wunder. Dennoch gilt es oftmals, diesem Drang da und dort Einhalt zu gebieten. Denn was in den Wäldern über Generationen gern gesehen wird, kann im Garten zum Problem heranwachsen. Werden Bäume und Sträucher zu groß, dann braucht das Haus z.B. irgendwann einmal wieder mehr Sonne. Oder es sind potentielle Gefahren durch Feuchtigkeit und Sturm zu bannen. Vielleicht soll aber auch einfach der Garten neu gestaltet werden.

Dann muss wohl oder übel mancher lieb gewordene Busch oder Baum geopfert werden. Wenn Sie sich zum Fällen entschlossen haben, müssen Sie einige wichtige Dinge beachten, die Ihr Vorhaben nicht gerade erleichtern. Da ist zunächst die Frage nach einer Fällerlaubnis durch das zuständige Amt (Rathaus, Gemeinde, Behörde für Umwelt) zu klären. Die Vorgaben sind bundesweit sehr unterschiedlich. Manche Gemeinden haben z.B. eine Baumschutzverordnung. Sie können aber grundsätzlich davon ausgehen, dass für Bäume mit mehr als 20 bis 25 cm Durchmesser bzw. 60 bis 80 cm Umfang (in Brusthöhe gemessen) eine *Fällerlaubnis* erforderlich ist. Obstbäume sind meistens davon ausgenommen. Darüber hinaus gilt manchenorts eine Schonfrist für das Fällen von Bäumen: Zum Schutz brütender Vögel darf in der Regel zwischen März und September kein Baum entfernt werden.

> Das Naturschutzrecht mit den Baumschutzverordnungen muss unbedingt ernst genommen werden!

Um Scherereien oder gar Geldbußen zu vermeiden, sollten Sie im Zweifelsfall im Rathaus bzw. bei der zuständigen Naturschutzbehörde nachfragen. Um für einen kranken oder beschädigten Baum eine Fällerlaubnis zu bekommen, kann es nützlich bzw. hilfreich sein, einen anerkannten Baumdoktor

(Gutachter) einzuschalten, der den betreffenden Baum unter-
sucht und dessen Diagnose Grundlage für die Fällerlaubnis
von offizieller Stelle ist.

Risiken bedenken

Sofern die respektable Größe des Baumes und/oder Ihre Un-
sicherheit es gebieten, lassen Sie den Baum von einem Profi
für Baumarbeiten fällen (bzw. von oben abtragen). Beauftragen Sie eine seriöse Firma, die ggf. auch eine behördliche Genehmigung und die Versicherungsdinge für Sie übernimmt.
Besteht zum Beispiel die Gefahr, dass Teile des Baumes auf
öffentliche Fußwege oder Straßen fallen, so ist eine Absper-
rung vorgeschrieben (Genehmigung vom Ortsamt!).

Wollen Sie selbst Hand anlegen, sollten Sie trotzdem nicht
gleich tatkräftig in die Hände spucken, sondern in Ruhe das
Umfeld des Fäll-Kandidaten bedenken. Denn oberstes Gebot,
besonders beim Baumfällen, ist Umsicht und Vorsicht:

* Ist für Menschen (insbesondere *Kinder*!) und Haustiere der
  dringend notwendige Sicherheitsabstand
  gewährleistet?
* Ist ein Zaun oder Rosenbeet gefährdet?
* Sind Leitungen (Strom, Telefon) in der
  Nähe, die beim Fallen des Baumes in Mit-
  leidenschaft gezogen werden könnten?
* Könnte die Dachrinne, die Garage oder
  Nachbars Hühnerstall teuren Schaden
  nehmen?

Nachbarn wie Hühner reagieren – oft zu
Recht – sehr sensibel. Trifft der Baum oder
ein fallender starker Ast zum Beispiel be-
sagten Stall oder kommt sonst ein fremder
Sachgegenstand oder gar ein Mensch zu
Schaden, so sind die Folgen schwer – aber
leicht auszudenken. Deshalb ist eine Haft-
pflichtversicherung empfehlenswert, die
auch solche Risiken mit abdeckt.

*40 Das Fällen eines Baumes
über einem Schuppen und einem
Zaun ist eine schwierige Prozedur!*

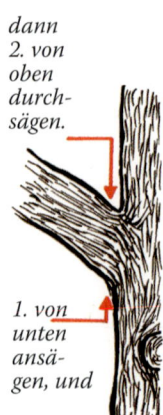

dann 2. von oben durchsägen.

1. von unten ansägen, und

41 Abschneiden von Ästen am stehenden Baum

Vorgehen beim Fällen

Im Garten

Eine einseitig überhängende Krone oder ein von Natur aus schräg stehender Baum bereitet beim Fällen dann Schwierigkeiten, wenn der Baum nicht in die Richtung fallen bzw. gelegt werden darf, die er durch die Macht seines Übergewichts bevorzugen würde. Dann müssen Sie mit viel Augenmaß abschätzen, ob Seile, Seilzüge und eventuell der ganze Freundeskreis als Gegengewicht für die nötige Richtungsänderung beim Fällen ausreichen. Oder sollten doch besser erst die Äste abgenommen werden, bevor der Stamm umgelegt wird?

In der Regel wird diese letzte Frage wohl mit „Ja" zu beantworten sein. Wer will in seinem Garten schon Unheil anrichten? Also läuft alles auf eine Hebebühne hinaus, die Sie sich ausleihen können, oder auf eine Kletterpartie mit Leiter und auf einen kreislauffördernden Kraftakt; denn mit der Hand- bzw. Bügelsäge ist Ast für Ast zu kappen. Am stehenden Baum sägen Sie dickere Äste am besten erst von unten ein und dann von oben durch. So vermeiden Sie das langfasrige Abreißen, den unberechenbaren Fall des Astes und das oft schwierige Nachsägen.

> Der Gebrauch einer Kettensäge auf der Leiter oder gar beim Klettern im Baum ist verboten!

Es ist auch dringend davon abzuraten, mit solch einer rasenden Maschine, in einer Astgabel eingeklemmt oder unsicher stehend arbeiten zu wollen. So sportlich und unverletzbar können selbst Sie nicht sein! Mit der Maschine in den Fäusten haben Sie weder Halt noch können Sie ausweichen, wenn beispielsweise ein angeseilter Ast unvorhergesehen Schwung zur Seite statt nach unten bekommt.

Wollen Sie zugleich auch den Stubben (Baumstumpf) mit dem Wurzelholz loswerden? Dann sollten Sie bei *kleinen Bäumen* die Säge zunächst beiseite lassen, die Erde um den Stamm herum großzügig entfernen und die dicken Wurzeln durchtrennen. Bedenken Sie dabei die Feindschaft zwischen Beilschneide, Erde und Steinen! Dann können Sie den ganzen Baum schwungvoll umdrücken oder –ziehen, wobei die He-

belkraft des Baumes vortreff-
lich hilft, den Wurzelstock
aus der Erde zu bekommen.

Bei *großen Bäumen* sägen
Sie den Stamm möglichst
hoch ab (mit der Kettensäge
aber niemals über Kopfhö-
he!), um noch eine gute He-
belwirkung zum Lockern und
kraftvollen Herausdrücken
des freigelegten Wurzelstocks
zu bewahren.

Alternativ zum Ausbuddeln bleibt noch das Ab- oder Aus-
fräsen mit Stumpf und Stiel. Oftmals übernehmen Garten-
baufirmen diese Arbeit. Eine relativ kleine und handliche
Stubbenfräse (Abb. 42) können Sie für den eigenen Einsatz
vielleicht aber auch mieten. Im Gegensatz zur Maschine
selbst ist der Umgang mit ihr (nach Einweisung) nicht allzu schwer. Fragen Sie eine Gartenbaufirma, eine namhafte
Baumaschinenfirma wie HKL oder den Hersteller Vermeer
Deutschland GmbH (siehe „Anschriften" S. 76)

*42 Baum-
stumpffräse,
gute 100 kg Ge-
wicht, 75 cm
breit, fräst bis
30 cm Tiefe.
Quelle: Fa. Ver-
meer*

Wollen Sie den Wurzelstock stehen lassen, kann eine Blu-
menschale auf dem in gewünschter Höhe möglichst waagerecht abgesägten Baumstumpf ganz dekorativ sein (Schnittfläche ggf. mit Kupferblech abdecken).

Im Wald

Wenn Sie im Wald als „Selbstwerber" tätig werden wollen,
lassen Sie sich vom zuständigen Forstmann bzw. Waldbesitzer
ein- und anweisen. Dass Sie im Forst selbst fällen dürfen, wird
wegen der damit verbundenene Gefahren die Ausnahme sein.
Jedenfalls ist diese Einweisung vor Ort durch den Forstmann
oder Waldbesitzer wichtig, wenn es um das richtige Fällen
geht. Sonst könnte es Ihnen zum Beispiel passieren, dass Sie
im schlimmen Fall mit viel Aufwand, aber unverrichteter
Dinge nach Hause kommen – oder, dass Sie im schlimmsten
Fall sogar einen Unfall verursachen – dann nämlich, wenn
die Krone des Baumes, der vor Ihnen liegen sollte, sich hoff-

*43 Der Baum-
stumpf kann als
Sockel für ei-
nen Blumentopf
oder wie hier,
für ein Vogel-
häuschen die-
nen.*

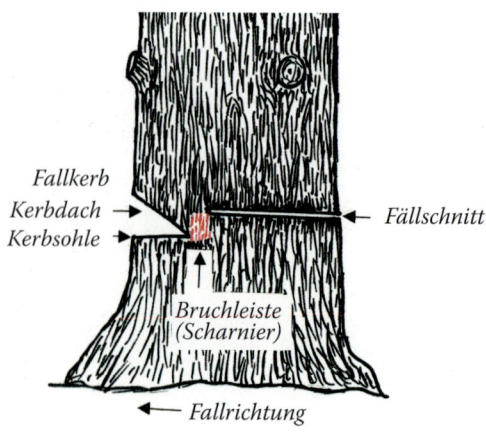

Fallkerb
Kerbdach →
Kerbsohle →

← Fällschnitt

Bruchleiste
(Scharnier)

← Fallrichtung

44 Anbringen des Fällkerbs und des Fällschnittes beim Fällen eines größeren Baumes.

nungslos in Nachbarbäumen verfangen hat. Spätestens dann, am besten aber vorher, ist ein Mensch mit viel Erfahrung gefragt.

Ich möchte es bei diesem Hinweis bewenden lassen und nur ausdrücklich vor Experimenten in derart vertrackten Situationen warnen: Ein schräg hängender Baum steht in aller Regel unter starken Spannungen. Der Versuch ihn zu bergen, kann zu unverhofften Reaktionen führen, die für Laien nicht vorhersehbar und trotz bester Schutzausrüstung zu gefährlich sind. Außerdem sehen es viele Förster nicht gern, wenn Sie sich allzu lange im Wald betätigen. Denn die große Nachfrage unter den privaten Selbstwerbern sowie die Konkurrenz zu den industriellen Verwertern (Hackschnitzelwerke etc.) beeinflusst je nach Region nicht nur den Holzpreis, sondern auch die Terminplanung der Forstverwaltungen.

Ob im Wald oder im Garten: Größere Bäume verlangen immer einen Fallkerb, auch wenn es gleichgültig ist, wohin sie fallen (aber wann ist es das schon?). Dabei gilt die Regel: Im rechten Winkel zur gewünschten Fallrichtung einschneiden, also so, dass die Kerbe genau in die gewünschte Fallrichtung weist. Zur Tiefe des Fallkerbs schreibt das HOLZLEXIKON (DRW-Verlag): Der Fallkerb sollte „...*bei Nadelholz etwa* $^1/_{10}$ *bis* $^1/_8$, *bei Laubholz etwa* $^1/_4$ *bis* $^1/_3$ *des Stockdurchmessers*" tief in den Stamm geschnitten

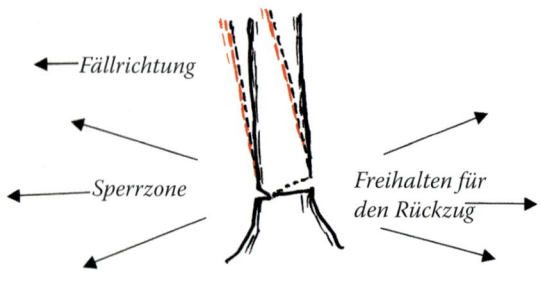

←Fällrichtung

Sperrzone

Freihalten für
den Rückzug

45 Vor dem Anbringen des Fällschnittes sind die Flächen in Fällrichtung zu sperren und der Weg für den Rückzug freizuräumen.

werden. Mit etwas Geschick
führen Sie den unteren Einschnitt (Sohle) waagerecht,
den oberen (Dach) schräg von
oben auf den Schnittpunkt zu.

Den *Fällschnitt*, von hinten
an den Kerb, sägen Sie ebenfalls waagerecht, und zwar
so angesetzt, dass er theoretisch oberhalb der Kerbmitte
ankommt. Theoretisch des-
halb, weil das Ziel schon mal
Wunschdenken sein oder der
Baum vorzeitig seinen Geist

aufgeben kann. Aber ernsthaft: Es sollte sich ein Steg bilden,
die sogenannte „Bruchleiste" (Scharnier, vgl. Foto Seite 13),
durch die der Baum beim Niedergehen möglichst gut in die
gewünschte Fällrichtung geführt wird.

Natürlich haben Sie vor dem Fall mit dem bekannten Ruf
„Baum fällt...!" lauthals gewarnt und sich als Fäller vorher
selbst so in Position gebracht, dass Sie leicht zurückspringen
können. Unebenheiten am Boden, Gestrüpp und andere Aus-
weichhindernisse müssen Sie vorher bedenken und ggf. beiseite räumen. Denn, wie gesagt: Nicht immer nimmt der fallende Baum genau den vorbestimmten Weg. Und die Wucht
eines krachend stürzenden Baumes gleicht einem Naturereig-
nis, das Sie nicht mehr beeinflussen können.

Deshalb noch einmal: Man kann gar nicht so dumm denken, wie es kommen kann. Und Sie können sich nicht genug
vorsehen und sollten Mutproben unterlassen. Risikofreude
(„Wird schon gutgehen...") mag andernorts vielleicht angebracht sein; beim Baumfällen in Wald und Garten ist sie völlig
fehl am Platz!

Nach dem Fällen

Nun liegt es also da, das schöne Monstrum von Baum, vor
vielen Jahren vielleicht aus einem Kirschkern zufällig erwach-
sen oder von Ur-Opa gepflanzt. Der Baum, der so manchem

*46 Welche
Fehler sind
nach heutigen
Sicherheitsvor-
schriften auf
diesem Bild zu
erkennen?*

*1. Schutzhelm,
Gehörschutz,
Schutzbrille,
Schnittschutz-
hose und Ar-
beitsschuhe
fehlen!
2. Sägen mit
der Schwert-
spitze statt mit
dem Krallen-
anschlag!
3. Behinderung
beim Zurück-
weichen durch
Gestrüpp von
hinten.*

47 *Ein Kiefernstamm als Spalt-ware*

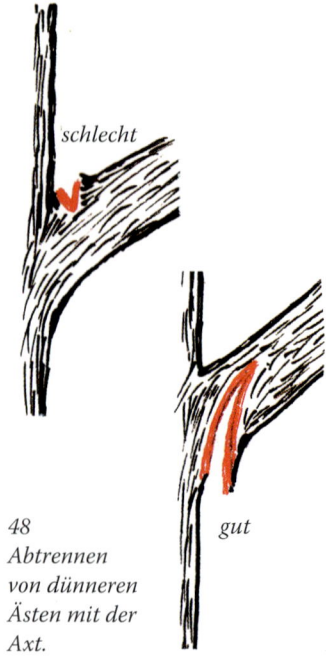

schlecht

48
*Abtrennen
von dünneren
Ästen mit der
Axt.*

gut

Wintersturm getrotzt und Trockenperioden überstanden hat. Man wird nachdenklich, wenn dieses Stück Natur, das Jahrzehnte auf uns herabgeschaut und Schatten gespendet hat, niederstürzt und wir stehenden Fußes, in Augenhöhe, in die Krone blicken können. Immerhin gehören Bäume (neben Walen) zu den größten Lebewesen auf der Erde.

Mit dem Baum liegt auch einiges an Arbeit vor uns, die nicht so einfach ist: das saubere Entasten und Zerkleinern des Stammes. Äste und Zweige sind, wie schon gesagt, auch wertvolles Brennmaterial. Sie dienen als Anmachholz. Selbst beim Grillen wirkt eine Handvoll davon Wunder, wenn Sie es unter der Holzkohle nur mit einem Papier zum Brennen bringen. Voraussetzung: Sie müssen Lust und Platz genug haben, dieses Kleinholz zu trocknen und aufzubewahren (siehe auch Abb. 78 sowie *Stapeln, Lagern und Trocknen*, Seiten 52 und 57).

Zum Entfernen dickerer Äste und für deren Aufarbeitung ist eine Bügelsäge angebracht. Vorsicht, wenn Sie die Motorsäge benutzen! Oft stehen auch Äste unter erheblicher Spannung. Außerdem ist die Gefahr groß, dass die Schwertspitze im Astgewirr unheilvoll tätig wird (Rückschlag siehe Seite 39).

Bei dünneren Ästen gehen wir mit der Astsäge, der Astschere oder, so geschickt wie möglich, mit der breitschneidigen Axt zu Werke. Und zwar sollten Sie sich, vor allem bei Nadelbäumen, vom unteren Stammende zur Spitze vorarbeiten. Sie sollten auch in diese Richtung schlagen und dabei auf der anderen Stammseite stehen. Damit ergibt sich automatisch, dass Sie erstens einigermaßen sicher stehen und zweitens nicht in die Astgabel, sondern von unten in den Ast, also schräg in die Faser schneiden.

Vielleicht ist das für Sie selbstverständlich. Aber nicht alle wissen und beherzigen es: Die im Holz längs laufenden Fasern sollten möglichst schräg angeschnitten werden (Kerbschnitt). So ersparen Sie sich viele unnötige Axthiebe.

Sägen - mit der Motorsäge

„Was Power hat, macht Lärm – ich kann das nicht ändern!" Viel Wahres beinhaltet dieser lakonische Spruch des eifrigen Herrn von nebenan, Besitzer aller lauten Haus- und Gartengeräte.

Sympathisch ist diese Feststellung kaum. Andererseits: Wo Menschen wohnen, gibt es nun einmal Lärm. Und wo Lärm ist, gibt es Belästigungen – ein ebenso altes wie leidiges Problem, das wohl kaum zu ändern ist. Wir selbst können uns bei der Arbeit ganz gut mit Ohrschutzkapseln schützen – aber der arme Nachbar? Auf dessen Ohren und Nerven sollten wir jedenfalls so weit wie möglich Rücksicht nehmen.

Sich Gedanken darüber zu machen, ob es in diesem oder jenem Fall nicht vielleicht eine nachbarfreundliche Möglichkeit gibt, kostet nichts. So hilft es zum Beispiel schon, die Ruhezeiten einzuhalten, sonntags sowieso, aber auch unter der Woche in den Mittags- und Abendstunden, selbst wenn diese gesetzlich nicht zwingend vorgeschrieben sind. Wir können unserem Nachbarn auch Bescheid sagen, wenn eine lärmende Aktivität ins Haus steht, ggf. von Hand sägen und so weiter...

Die deftige Geräuschentwicklung und die Abgase sind das eine. Das andere sind die schon erwähnten Gefahren, die das Arbeiten mit einer Kettensäge in sich birgt und auf die ich in diesem Büchlein mehrfach zu sprechen komme.

Nicht von ungefähr widmen namhafte Hersteller viele Seiten ihrer Gebrauchsanleitung den Sicherheitshinweisen und Unfallverhütungsvorschriften. Lesen Sie dort alles aufmerksam nach, wie z.B. den Hinweis des Motorsägen-Herstellers

STIHL: „Jeder Erstkäufer sollte, bevor er das erste Mal mit der Säge arbeitet, vom Verkäufer eingewiesen werden oder an einem staatlichen Lehrgang teilnehmen". Wenn die Kettensäge hochtourig aufs Holz angesetzt wird (was so sein soll!), toben Kräfte, die nicht nur in die Hose oder ins Bein gehen können!

Wenn Sicherheitskleidung und Umfeldbedingungen stimmen, sollten Sie vor dem Anwerfen der Maschine unbedingt noch die

folgenden Fragen mit „Ja" beantworten können. Es sind wichtige Voraussetzungen für eine gute Arbeitsleistung:

- Stimmt das Benzin-Motoröl-Mischungsverhältnis? Sonst springt der Motor nicht an, stinkt, stottert oder gibt bald seinen Geist auf.
- Ist Kettenöl (Bio-Kettenöl!) im Öltank und fährt die Kette ölgeschmiert? Anderenfalls läuft die Kette heiß und wird samt Schwert schnell beschädigt.
- Ist die Kettenspannung nicht zu straff und nicht zu locker? Anderenfalls läuft auch in diesem Fall die Kette heiß, quält den Motor, verletzt das Schwert – und will schief und schräg schneiden.

50 „Sturmholz" steht oft unter gefährlicher Spannung; hier schafft es die ideale Lage zum Sägen.

Wie beim Fällen gilt auch hier: Starten Sie Ihre Maschine nicht, ohne vorher zu denken! Beurteilen Sie die Lage des Stammes und schätzen Sie ab, wie er reagiert, wenn es ihm ans Mark geht. Und achten Sie stets auf einen sicheren Stand!

Liegt der Stamm über einem Erdbuckel oder einem anderen Stamm (Gartenzaun?), so können Sie den überhängenden Teil flott klotzweise zerkleinern. Hängt der Stamm aber zur Mitte durch und sägen Sie munter in die Druckseite, so schließt sich der Einschnitt, und die Säge fährt sich unweigerlich fest. Spätestens dann, wenn das Einklemmen des Sägeschwertes (Schiene) vollbracht ist, wenn unsere zwei oder drei PS so gar nicht mehr helfen, sondern aus Verzweiflung zu qualmen beginnen, wird es stressig.

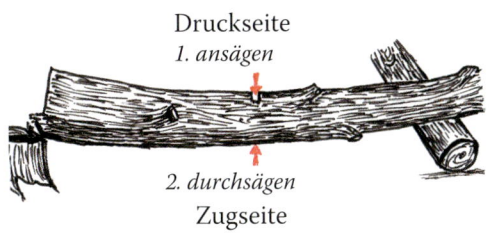

1. ansägen

2. durchsägen
Zugseite

51 Durchhängende Stämme und starke Äste werden zuerst auf der Druckseite angesägt und dann auf der Zugseite (unten) durchgetrennt.

In dieser festgefahrenen Situation nutzen keine noch so großen Kraftanstrengungen an der Säge. Im Gegenteil: Das kostet nur Zeit und Nerven – und tut auch der Säge nicht gut. Wenn das Sägeschwert tief festsitzt, treiben Sie einen Schnittkeil ein, aber ohne Gefahr für die Säge! Haben Sie Glück, dann läuft die Sägekette bald wieder und Sie können mit weiteren Keilen nachhelfen. Gelingt das nicht, so werden Sie unter dem Stamm (d.h. auf der Zugseite)

52 Bevor die Kette den Boden trifft, sollte der Stamm gewendet werden!

einen Hebel ansetzen müssen, um die Druckseite so gut wie möglich zu entlasten. Diese Hebelkraft wird allerdings ohne eine Hilfsperson schwerlich zu bewerkstelligen sein.

Hängt der Stamm bodenfrei durch und liegt dabei hoch genug, können Sie nach einem kurzen Schnitt oben in die Druckseite anschließend von unten in die Zugseite gegensägen und ihn so ganz durchtrennen.

Aber Vorsicht: Mit der Schwertoberseite zu arbeiten bedeutet, dass die belastete Kettenseite nun von Ihnen weg rast. Die Maschine möchte dadurch mit Gewalt auf Sie zukommen. Da heißt es gegenstemmen und mit

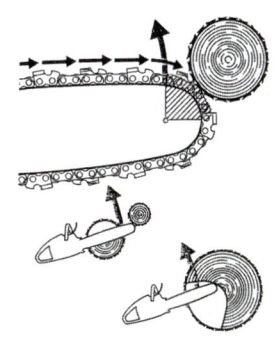

53 Entstehung des Rückschlags beim Arbeiten mit der Schwertoberseite bzw. Schwertspitze. Quelle: Gebrauchsanleitung der Fa. STIHL

54 *(links)*
Sauberes Ent-
asten direkt
am Stamm er-
leichtert später
das Aufschich-
ten der Scheite.

55 *(rechts)*
Vorsicht mit
der Schwert-
spitze im Ast-
gewirr!

56 *(unten)*
Geschafft und
zufrieden! Pau-
se in der Sonne
und in guter
Sicherheits-
ausrüstung!
(Fa. STIHL).

mäßigem Druck sägen. Und keinesfalls die Säge so weit entge-
genkommen lassen, dass die Schwertspitze tätig wird!

Überlassen Sie es lieber Profis, mit der Schwertspitze zu
sägen. Sie riskieren sonst den besonders gefährlichen Rückschlag, wenn die Säge mit Macht und im Bogen auf Sie zu-
schleudert (siehe Abb. 53, Seite 39). Ihre Säge hat zwar eine
enorm fix reagierende Kettenbremse. Wie bei allen Notbrem-
sen ist es aber auch hier ratsamer, deren Wirksamkeit nicht
ernsthaft unter Beweis stellen zu müssen ...

Wir teilen den Stamm in möglichst gleich lange Spaltware.
Und seien Sie, wie auf Seite 42 geschildert, auch hier lieber
etwas pingelig beim Maßnehmen. Achten Sie auch auf eine
möglichst gerade Schnittfläche, was Ihnen später beim Spalten mit der Axt oder dem Senkrechtspalter zugute kommt.

Ansonsten ist bei diesem spannenden Hobby nur noch
auf gutes Funktionieren der Maschine zu achten – und auf
Fremdkörper! Man kann im Holz außer Erde und Steinen
auch eingewachsene Nägel, Zaundraht und was weiß ich nicht
alles finden, und für derartige Tücken haben die Schneidezäh-

Überhaupt dürfen die
gefährlicheren Partien unserer Holzarbeit, d.h. generell alle Motorsägearbeiten,
nicht allein und möglichst
nicht ohne Handy angegan-
gen werden.

ne der Sägekette kein Verständnis. Sie neigen schon ohne art-
fremde Einflüsse durch die gewaltige Beanspruchung ziemlich
rasch zum Stumpfwerden, beispielsweise durch das Sägen von
trockenem, also noch härterem Hartholz.

Deshalb: Quälen Sie die Maschine (und sich) nicht mit einer nur noch schlecht hobelnden Sägekette. Schärfen Sie die
Zähne mit einigen Feilenstrichen lieber einmal öfter! Auch
über das Schärfen und Nachfeilen lesen Sie alles in der Gebrauchsanleitung des Motorsägen-Herstellers – und ein wenig
auf Seite 72 dieses Büchleins. Für einen „Holzmachtag" im
Wald empfiehlt es sich, auch eine scharfe Ersatzkette dabei zu
haben.

Sägen von Hand

Es ist fürwahr eine friedfertige körperliche Betätigung und
ein entspannendes Hobby, mit der Bügel- oder Handsäge zu
arbeiten. Man sägt, ist sinnvoll im Freien tätig – und sägt.
Man sieht und genießt die Fortschritte seines Tuns und sägt...
Nicht laut, eher angenehm ist dieses Geräusch, sozusagen alt-
hergebracht! Und mit jedem abgeschnittenen Stammstück hat
man ein Erfolgserlebnis, das sich um so flotter wiederholt, je
dünner das Rundholz wird.

Manch einer mag diese Tätigkeit stupide und langweilig
nennen. Ich empfinde die Sägestunden eher als Labsal. Man
kann seinen Gedanken freien Lauf lassen, sich auch einmal
aufrichten, die Umgebung und vielleicht die nette Nachba-

*57 unten links
Arbeit mit
der Bügelsä-
ge – gut für die
"Muckies".*

*58 unten rechts
Zu Zweit geht
alles besser ...!*

59 *Einteilung mit Augenmaß; genauer wird´s mit einem Längenmuster.*

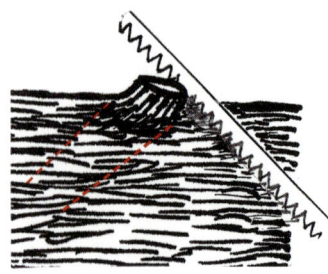

60 *Den Stamm möglichst oberhalb des Astes durchsägen..*

rin wahrnehmen – oder sich geistig mit der Lösung von Alltagsproblemen beschäftigen, die gerade anstehen. Das alles macht Freude. Aber natürlich nur, wenn eine gute Säge im Spiel ist und ein stramm stehender Sägebock.

Das Sägeblatt darf weder stumpf sein noch klemmen oder gar einen Bogen schneiden. Es muss also scharfzahnig, gut gespannt und richtig geschränkt sein (siehe Seite 72).

Auch hier gibt es einige einfache Tricks, die den Spaß am *Sägen von Hand* erhöhen und den weiteren Umgang mit dem Brennholz erleichtern. Da ist zum Beispiel das *Maßnehmen*: Es ist gut fürs spätere Stapeln und Feuern sowie schön fürs Auge, wenn die Holzscheite etwa gleich lang auf ein Maß zugesägt werden, so dass sie natürlich auch gut in Ihren Ofen passen. Den Stamm, der vor Ihnen auf dem Sägebock liegt, sollten Sie deshalb erst in gleichlange Abschnitte aufteilen und die Schnittstellen markieren. So vermeiden Sie die unpraktischen Reststummel und die schlecht bis zum Ende aufbrennenden Überlängen.

Für welche Länge Sie sich generell entscheiden, hängt von Ihren Heizgewohnheiten und von Ihrer Feuerstelle ab (siehe Seite 65), sowie von Ihrer Zeit und Schaffenslust.

Logisch: Es kostet Sie rund 50% mehr Sägearbeit, einen Meterstamm dreimal in vier Stücke à 25 cm zu zersägen – anstatt nur zweimal in drei Klötze. Schneiden Sie am besten ein Längenmuster zu, bis sich Ihr Augenmaß darauf eingestellt hat.

Einem eingewachsenen Ast (Knast) sollten Sie möglichst ausweichen. Denn den Ast oder gar einen ganzen Kranz von Ästen (Astquirl) zu durchtrennen heißt, sich das Arbeiten unnötig zu erschweren. Knäste (Knörze) sind von Natur aus meistens harzreicher und jedenfalls härter. Sie kosten mehr Sägezeit, Kraft und Sägezahnschärfe. Deshalb sollten Sie die

Säge, wenn möglich oberhalb der aus der Stammmitte heraus-wachsenden Äste ansetzen (Abb. 60).

Das Einklemmen des Sägeblattes können Sie, wenn Sie mit Gefühl arbeiten, meist vermeiden. Es passiert oft aus Unacht-samkeit und erfordert viel unnötige Mühe und Zeit. Sägen Sie den Stamm zwischen den beiden Sägebockauflagen nicht bis zum bitteren Festklemmen ein. Frühzeitig stoppen, umdrehen und gezielt neu ansetzen, um den Einschnitt von gegenüber möglichst gut zu treffen. Die letzten Schnitte dann außerhalb der Auflage vornehmen, sonst klemmt die Säge auch hier fest.

Noch ein spezieller Tipp: Mit einem Partner bzw. einer Part-nerin können Sie den Spaß beim Sägen von Hand verdoppeln und die Anstrengung halbieren. Bei etwas Koordination – je-der zieht nur, ohne die Säge allzu stark ins Holz zu drücken – dient diese effiziente Zusammenarbeit der Arbeitserleichte-rung und wird so zum gemeinsamen Vergnügen und zur Prü-fung Ihrer Teamfähigkeit.

Eine solche gemeinsame Arbeit empfiehlt sich besonders bei starken Stämmen. Dann allerdings wäre es von Vorteil, Besitzer einer der altbewährten Zweimannsägen (Zugsäge, Schwedensäge) zu sein. Damit zu arbeiten, wie es früher selbstverständlich war, kann einem eingespielten Paar viel Freude bereiten und Stunden im Fitness-Studio ersparen!

61
Arbeit mit der Zweimann-Säge: Rhythmus und Schwung – oder Kräfte-messen?

Sie sehen, man muss nicht immer gleich die Maschine anwerfen, wenn Brennholzsä-gen angesagt ist. Nehmen Sie sich die Zeit, tun Sie sich und Ihrem Körper etwas Gutes, und *sägen Sie so oft wie mög-lich von Hand.*

Um die Spaltarbeit – ob mit der Axt oder Holzspalter – zu erleichtern, sollten Sie sich um eine möglichst akkurate (rechtwinklige Schnittfläche bemühen.

Falls beim langen Sägen doch eine gewisse Eintönigkeit – auch in der körperlichen Anstrengung – aufkommen sollte, hilft bestimmt dieser Tipp: Wechseln Sie die „Disziplin" und spalten Sie zwischendurch das bereits Gesägte! Auch das Hobby *Holzspalten*, das ich auf den nächsten Seiten anspreche, kann zu Zweit mehr Freude machen und leichter sein.

Hacken und Spalten

Als Kind habe ich meinen Großvater sehr bewundert, wenn er den Holzblock mit einem wuchtigen Hieb exakt ins Mark traf und so in zwei Teile zerlegte. Oft ließ er dabei auch noch eine Hälfte geschickt auf dem Hauklotz (Hackstock, Haubock) stehen, um sich weniger bücken zu müssen.

Holzblöcke, die aussahen, als würden sie Schwierigkeiten bereiten, hat Großvater bedeutungsvoll von allen Seiten begutachtet und mir erklärt, warum diese Richtung ganz schlecht sei, aber jener Punkt genau richtig sei für den Schlag mit der Axt. Der alte Spruch: „Man guckt das Holz entzwei" hat sich mir eingeprägt: Es erleichtert das Spalten und bringt ungleich mehr Freude, wenn man selbst diese scheinbar simple Tätigkeit mit scharfem Auge und etwas Überlegung angeht.

62 Spalten zu Zweit – aber Vorsicht: Das Schlagen von Stahl auf Stahl ist verboten!

63 Nicht unbedingt die Mitte des Klotzes – sondern die Markröhre treffen!

64 *Daneben geschlagen und stecken geblieben.*

65 *Spalten mit dem Faserverlauf am Knast vorbei.*

Äste (Knäste, Knorren, Knorze) im Stamm sind, wie beim Sägen schon bemerkt, härter und stellen sich besonders unnachgiebig an, wenn ihnen eine Axt zu nahe kommt. Gehen Sie diesen Knorzen beim Spalten also gezielt aus dem Weg. Umgehen Sie das Hindernis, wie es die Holzfasern von Natur aus tun (Krümmung des Faserverlaufs). Dann können Sie den oft malerischen, auf jeden Fall aber hartnäckigen Störfaktor ohne große Anstrengung unberührt im Scheit belassen. Der natürliche Wuchs des Klotzes offenbart Ihnen mehr: Die Schnittfläche zum Beispiel verrät mit den Jahresringen das Alter des Baumes und die Wachstumsverhältnisse (Witterung) über die Jahre hinweg. Die Schnittfläche zeigt außerdem, zumindest nach kurzer Trocknungszeit, fast immer auch Andeutungen von Rissen, die von außen zur Markröhre hin verlaufen (Mark- oder Holzstrahlen). Die Risse wollen Ihnen sagen: Wenn schon, dann hier zuschlagen! Diese Spalten gilt es also zu treffen.

66 *Markstrahlen: wie zum Spalten geschaffen.*

Wenn es Ihnen an Treffsicherheit mangelt, können Sie

- die Spaltaxt auf dem Riss ansetzen und mit einem wuchtigen Schlägel (Hartplastikhammer) einschlagen,
- bei dünneren Stücken die Axt zur Markröhre hin

67 Eichenholzkeil aus einem alten Tischbein

68 Holzklötze sind von außen zur Markröhre hin aufzuspalten. oben: guter Ansatz, unten: schlechter Ansatz

ansetzen, Holz und Axt kraftvoll aufeinanderpressen, anheben, auf den Hauklotz stauchen und so die Axt eintreiben,
• den Riss gleich mit Spaltkeil und Vorschlaghammer zu Ihren Gunsten nutzen, was besonders bei dicken Klötzen zu empfehlen ist.

Diese Möglichkeiten sind in jedem Fall einem ziellosen Drauflosschlagen vorzuziehen. Da können Sie ausholen, so weit Ihre Arme reichen: Ziemlich oft bleibt die Axt, irgendwo ins Holz gedonnert, auf halbem Wege stecken. Sie wieder zu befreien oder bis zum Bersten des Holzklotzes durchzuschlagen, ist äußerst mühsam und schlecht für den Axtstiel.

Es ist auch allemal besser, einen schweren Hammer über dem Kopf zu schwingen, um einen Keil zu treffen, als die Axt samt Klotz! Diese Kraftanstrengung kann selbst mit Schutzhelm gefährlich sein: Dann nämlich, wenn das Holz doch nicht fest an der Axt sitzt und Ihnen aufs Haupt, auf die Schulter oder auf die Füße fällt...

Von mir werden Keile sehr gern eingesetzt, weil sie wertvolle Hilfen sind beim Spalten von dicken Klötzen oder starker Meterware. Denn im Gegensatz zum – einmaligen – Hieb mit der schweren Spaltaxt können Sie den Keil mühelos und zielgenau erst mit leichten Schlägen ansetzen, um ihn dann ordentlich einzutreiben. Oft ist es für das Schleppen und Transportieren rationeller, meterlanges Rundholz schon im Wald aufzuspalten.

Doch vermeiden Sie das Schlagen von Stahl auf Stahl! Das ist nach der UVV (Unfallverhütungsvorschrift) z.B. der Landwirtschaftlichen Berufsgenossenschaft rundweg verboten. Und

69 *Das Anheben des Klotzes mit der Axt über Kopf wäre selbst mit Schutzhelm zu gefährlich!*

70 *Ein Schlag zwischen die Hörner genügt oftmals!*

auch wir Brennholzmacher sollten uns daran halten: Ein Stahlsplitter kann allzu leicht böse Verletzungen verursachen...! Wenn Sie also Stahlkeile benutzen wollen, sollten Sie sich einen Hartplastikhammer zulegen. Haben Sie einen Stahl-Vorschlaghammer, empfehlen sich Keile aus Holz oder Hartplastik bzw. mit Einsätzen aus Holz oder Kunststoff.

71 *Leicht spaltbares Holz reizt zum Auffächern.*

Das kleine Beil kann zum vorsichtigen Nachspalten immer dann eingesetzt werden, wenn stramme Fasern das endgültige Trennen der Scheite nicht zulassen wollen. Mit dem Beil lassen sich auch besonders einfach spaltbare Holzstücke weiter teilen, um fürs Stapeln und spätere Anfeuern sowie für die Brandregulierung immer genügend kleine Scheite (Spaltholz, Späne) zur Verfügung zu haben.

Was ich von meinem Großvater übrigens auch gelernt habe: Den Klotz auf den Hackstock zu legen und von der Seite her zu spalten. „Zwischen die Hörner", sagte er und meinte den gezielten Schlag, der die Äste im

72 Nur fallen lassen!
Der „Smart-Splitter®" macht das
zielgenaue Eintreiben des Keils
problem- und gefahrlos. Quelle:
LOGOSOL

73 Elektro-hydraulisches Spalt-
gerät für senkrechte Spaltung.
Quelle: Binderberger Maschinen-
bau

liegenden Klotz mühelos voneinander trennt
(Abb. 70).

Falls Sie (vielleicht als Einsteiger oder aus
Altersgründen?) Ihrer Kraft und Zielgenau-
igkeit mit dem Spalthammer nicht so recht
trauen, setzen Sie, wie auf Seite 46 empfohlen,
einen Keil an der gewünschten Spaltstelle an
und bearbeiten ihn mit dem Vorschlaghäm-
mer. Eine schwedische Erfindung kann Ihnen
diese „Mühe", zumindest teilweise, abnehmen:
Der „Smart-Splitter®" (Abb. 72) spart zwar
kaum Zeit, aber das Schlaggewicht an einem
Führungsstab macht das zielgenaue Eintreiben des an einer Haltestange fixierten Keils
problem- und gefahrlos. Die Körperertüchtigung bleibt gleichwohl, denn das Bücken
nach dem Holz sowie das Hochheben und
das Niederschlagen des Gewichts wird Ihnen
nicht erspart. Richtig nach Anweisung aufge-
baut, ist das erschwingliche Gerät als sichere
Spalthilfe durchaus interessant. Fragen Sie in
Baumärkten oder direkt bei LOGOSOL (Anschrift siehe Seite 76).

Hydraulische Spaltmaschinen

Nicht eigentlich sportlich, aber bei größerem
Bedarf durchaus sinnvoll ist es, wenn Sie Ihr
Brennholz mit Maschinenkraft spalten lassen.
Axt, Keile und viel Kraft können Sie dabei
schonen.

Der Trend dahin, gefördert durch die
schlimme Öl- und Gaspreisentwicklung, lässt
sich schon seit Jahren beobachten. Und die
Hersteller solcher zeitsparenden Maschinen
haben mit leistungsfähigen Kurzholzspaltern
auch für den kleinen Geldbeutel reagiert.
Alle Fachhändler und Baumärkte bieten in-

zwischen Spaltmaschinen in verschiedenen Preis- und Qualitätsstandards an. Auch hier sollte aber gelten: Eine gute Qualität ist eine bessere Anschaffung! Vielleicht lassen sich die Kosten mit Gleichgesinnten durch gemeinsame Nutzung stemmen?

Für ein störungsfreies Arbeiten auch bei schwer spaltbarem Holz empfehle ich eine Spaltkraft von mindestens 5 bis 6 t. Wenn Sie beim Sägen mit der Bogen- oder Kettensäge keine sauberen, geraden Standflächen des Spaltguts erzielen, ist ein Kurzholzspalter mit liegend angeordnetem Spaltmechanismus ratsam (Abb. 74). Doch ob Sie einen Horizontalspalter oder einen Senkrechtspalter bevorzugen: Legen Sie neben einer ordentlichen Spaltkraft auch Wert auf

74 Liegend und nicht so groß, aber leistungsfähig: 5t Spaltkraft, ca. 50 kg Gewicht Quelle: Fa. Güde

- eine robuste Bauweise,
- eine nicht zu lahme Spaltgeschwindigkeit und
- einen möglichst flotten Rücklauf des Spaltkeils.

Die „Geschwindigkeit" des Gerätes in Abb. 74 von 3 cm/s beim Vorlauf und 7 cm/s im Rücklauf erfordern einige Geduld, sind aber aus Sicherheitsgründen (Berufsgenossenschaft) angebracht. Apropos Sicherheit: Beachten Sie auch hier die Vorschriften des Herstellers!

Größe der Scheite

Beim Spalten wie auch beim Sägen stellt sich übrigens häufig die Frage: Wie lang, wie stark oder wie dünn soll mein Brennholz am besten werden?

Dabei kommt es wieder auf viele Einzelheiten an, z.B. auf die Maße Ihres Feuerraumes, auf die Holzart und nicht zuletzt auf Ihre Einstellung zum Feuern mit Holz an sich. Zur Erklärung greife ich hier etwas vor.

75
Dasselbe Holz und die gleiche Menge brennt besser und schneller, je kleiner die Scheite.

Sie können den Ofen vollfüllen und der Natur, der Physik und Chemie ihren Lauf lassen. Gekonnt wäre das aber nicht. Ihre Feuerstelle und Ihre Geldbörse würden darunter leiden. Und Ihre Nachbarn sowie die Umwelt würden Ihnen die zeitweise erhöhte Rauch- und Geruchsentwicklung verübeln.

Wenn ich eine grundsätzliche Regel zu dieser Frage aufstellen sollte, so würde ich immer sagen: Je kleiner die Scheite, umso besser! Große Scheite und knorrige Kloben ergeben sich schon genug durch schwer spaltbare Hölzer und das Umgehen der Äste.

Holz trocknet weniger durch die von Rinde geschützte Oberfläche, sondern durch die Spalt- und vor allem durch die Schnittflächen (Stirnseite, Hirnholz). Das gilt besonders bei kürzeren Lagerzeiten. Sie können es auch deutlich beim Brennen beobachten: Berindete Rundhölzer lassen den Wasserdampf hauptsächlich aus den Schnittflächen entweichen. Zudem lechzt das Feuer geradezu (außer nach Zuluft) nach möglichst viel Angriffsfläche, soll es das Holz vollständig und schadstoffarm verbrennen.

Deshalb säge ich mein Brennholz selten länger als 25 cm und hacke selbst dünnere berindete Rundhölzer einmal durch. Ist ein Stück leicht spaltbar, wird daraus, wie vorher gesagt, richtig Kleinholz gemacht (Abb. 71).

Wenn Sie zuhause eine normale Holzheizanlage (keine Großfeuerungsanlage) haben, werden Sie schon während der ersten Heizsaison wahrscheinlich die Erfahrung machen, dass es allzu oft an kleinen Scheiten mangelt, mit denen man den Brand besser regulieren kann. Die dicken Kloben sind natürlich auch wichtig, denn diese Stücke sichern (bei guter Glut) einen starken Dauerbrand. Ist so ein Kloben nicht greifbar, können Sie ihn im Feuerraum leicht „herstellen", indem Sie ein paar dünnere Scheite parallel eng aneinander legen.

Denken Sie deshalb schon beim Sägen und Spalten nicht nur ans Stapeln, sondern auch an das Anfeuern und Nachlegen – und freuen Sie sich dabei auf die gemütlichen Stunden beim Umgang mit dem Holz, wenn Sie das Feuern und die behagliche Wärme genießen...

Die oft gestellte Frage übrigens, ob grün-feuchtes oder trockenes Holz sich besser sägen und spalten lässt, ist vielleicht interessant, aber müßig: Frisches Holz lässt sich grundsätzlich besser zerkleinern als „knochentrockenes". Die Unterschiede sind aber nicht größer als die zwischen verschiedenen Holzarten, unterschiedlichem Wuchs und Alter und verschiedenen Baumteilen. Gespaltenes Holz trocknet natürlich besser. Unser Brennholz sollte deshalb jedenfalls lieber früher als später zerkleinert werden. Danach kommt es dann nur noch auf das richtige Lagern und auf gekonntes Verbrennen an.

Stapeln, Lagern, Trocknen

Der zweihundert Jahre alte Eichenholzfußboden in meinem Elternhaus knarrt, je nach Witterung mal mehr und mal weniger. Denn wie Sie wissen: Holz ist nie tot – es arbeitet immer! Holz muss nicht im Freien liegen, um seinen Feuchtigkeitsgehalt zu verändern. Die schwankende Luftfeuchtigkeit genügt, um Holz auch im Haus zum Quellen und Schwinden zu bewegen.

Unser frisch aufbereitetes Feuerholz „arbeitet" natürlich noch viel mehr. Deshalb ist das Aufschichten der Scheite aus grünem Holz („grünfeucht"), das luftige und zugleich standfeste Stapeln, gar nicht so leicht. Schon mancher säuberlich aufgebaute Holzstoß hat sich im Laufe der Lagerzeit in einen wüst zusammengefallenen Holzhaufen verwandelt ... Das frische Holz arbeitet, indem es vor allem Unmengen an Wasser verliert. Man stelle sich vor: Ein grüner, saftiger, also grünfeuchter Holzklotz von 10 Kilogramm enthält bis zu 5 Kilogramm Wasser. Davon verdunsten nach

76 Diese gespaltenen Scheite sind zwar luftig aufgeschichtet, der Holzstoss ist aber nässe- und einsturzgefährdet und sollte bald unter Dach!

77 Heizwert von Holz in Abhängigkeit von der Holzfeuchte.

Ein 1000 g Holzscheit enthält			Ungefährer Heizwert	
	Holz-anteil in g	Wasser-anteil in g	Holzfeuch-te in %	je nach Holzart, Lagerung, Witterung, Jahreszeit u.a.	kWh pro kg Holz
wasserfrei	1000	0	0		
	900	100	11		4,6
lufttrocken	870	130	15		4,1
	833	167	20		
	800	200	25		3,9
	770	230	30		3,3
	700	300	43		2,8
	667	333	50		
grünfeucht	600	400	67		2,3
	500	500	100		
max. Wassergehalt	400	600	150		1,6
				Trocknungszeit ca. 2 Jahre	

dem Spalten schon in der ersten Zeit, je nach Witterung, Holz- und Lagerart, bis zu 4 Kilogramm, also bis zu 40% des ursprünglichen Klotzgewichtes!

Danach geht die Trocknung langsamer weiter, bis das einst so gewichtige Holz *lufttrocken* ist und nur noch etwa 5,7 Kilogramm wiegt.

78 *Unters Dach gehängt: Dünnholz aus der Weißbuchenhecke, bestens geeignet zum Anfeuern.*

„Holz ist lufttrocken," sagt das HOLZLEXIKON, „wenn die Holzfeuchte sich nach Freiluftlagerung dem Klima angepasst hat. In unserem Klima hat solches Holz einen Feuchtegehalt um 15% mit einem ungefähren Schwankungsbereich zwischen 12 und 20%, abhängig von *Witterung und Jahreszeit...*".

Diese beiden Faktoren und ihre Auswirkungen auf unser Feuerholz können wir nur bedingt beeinflussen. Die schwankende Luftfeuchtigkeit überträgt sich durch den steten Luftaustausch unweigerlich auf das Holz. Dabei sollte es aber auch bleiben. Das heißt, dass gegen Nässe von oben eine Bedeckung (Dach, Plane) und gegen Feuchtigkeit von unten, von der Erde, ausreichend Luftraum geschaffen werden muss.

Das braucht nicht aufwändig zu sein. Aber selbst im Schuppen, zwischen zwei Bäumen oder (abgestützten) Pfählen richtige, einsturzsichere Holzmauern aufzuschichten, bedarf doch einiger Geschicklichkeit. Ebenso an der Hauswand (Abb. 80). Ich verwende beim Stapeln z.B. gern ganz dünn gespaltenes Holz, das ich häufig quer einbaue, um Schieflagen durch knorrige oder sich stark verjüngende Scheite auszugleichen. Damit erziele ich gleichzeitig den wichtigen Durchlüftungseffekt, den ich übrigens auch noch damit erreiche, dass ich die Scheite nicht so flächig aufeinander packe (Abb. 79). Dadurch Raum sparen zu wollen, ist vielleicht bei bereits abgelagertem, nicht aber bei grünfeuchtem Holz angebracht.

Abb. 82 zeigt links eine praktische und preiswerte Stapelhilfe aus zwei Metallbügeln, die über 2 Kanthölzer passender Länge verbunden werden; das Brennholzhäuschen rechts im

79 *Grünfeuchtes Holz nicht zu dicht (oben), sondern luftig (unten) aufschichten.*

Bild fasst rund 1,5 Raummeter und findet
leicht in einer luftigen Gartenecke Platz. Lei-
der sind Stapelhilfen nicht überall im Angebot, aber auf dem Versandweg erhältlich.

Eine sehr gute Standhilfe für einen volu-
minösen Rundstapel (Miete) ist eine Stahl-
baummatte. Dieses Gitter (6 mm Ø) ist zwar
ziemlich sperrig und muss wohl angeliefert
werden. Einmal im Garten, lässt es sich aber
zu einem imposanten Zylinder zurechtbiegen,
den Sie nur noch mit einem luftigen Unterbo-
den (Lattenrost) versehen brauchen, um ihn
dann locker mit Ihrem Brennholz zu füllen
und abzudecken (Dachpappe o.ä.). Die Mat-
ten sind zwar unverzinkt und deshalb rostan-
fällig, tun aber für viele Jahre beste Dienste.
Fragen Sie einen Stahlhändler in Ihrer Nähe.

Schließlich noch ein Wort zur „hohen
Kunst", eine der klassischen Holzmieten (Abb.
83) zu errichten. Diese Augenweide steht frei
im Garten und muss standfest gebaut sein.
Ob rund, oval oder eckig: Geschickt und
schön geschichtet, ist das Gebilde der Stolz
eines jeden Hobby-Brennholzers. Denn sie
will in der Tat gelernt sein, diese uralte Form,
das Brennholz im Freien, ohne zusätzliche

Abdeckung und sichtbare Hilfsmittel mehrere Jahre schadlos aufzubewahren (Abb. 84). Vom Unterbau bis zur „Schindelbedachung mit Traufe" gilt es, bestimmte Regeln zu beachten, wenn Freude aufkommen soll. Der erfahrene Chemnitzer Torsten Siebert bietet dafür im Internet eine ausführliche und verständliche Bauanleitung kostenlos an. Ich empfehle Ihnen, sich diese Ausführungen unter *www.holzmiete.de* anzuschauen. Es lohnt sich auch, einen Blick auf die zahlreichen Erfahrungsberichte im Forum zu werfen.

Die Frage nach einem geeigneten Lagerplatz wird, je nach Holzmenge (siehe Seite 16), da und dort gewiss eine Aufgabe für sich darstellen. Bis zu 20 Kubikmeter Holzscheite wollen nicht nur zweckmäßig, sondern auch räumlich untergebracht sein. Vergessen Sie bei Ihren Überlegungen auch nicht den Raumbedarf für die nächste Heizsaison: Die Menge des neu zu lagernden Holzes überschneidet sich zeitlich mit dem noch vorhandenen brennreifen Material und braucht also auch zusätzlichen Lagerraum.

83 (links) Platzsparend und (hoffentlich) standfest: Die ehrwürdige, altbewährte Brennholzmiete.

84 (rechts) Bei 3 Metern im Durchmesser verbergen sich hier ca. 13 Raummeter (10 Tonnen Holz!) unterm Schnee.

Noch ein Tipp: Alle „Mauern" aus Scheitholz sollten Sie ab und zu nach lockeren Scheiten untersuchen, die möglicherweise Einsturzgefahr andeuten. Wie gleich nach dem Stapeln, müssen auch während der ganzen Lagerzeit die locker herausragenden Scheite wieder fest eingeklopft werden.

Die Kurve in der Tabelle auf Seite 52 (Abb. 77) zeigt die Beziehung zwischen Holzfeuchte und Heizwert. Sie macht deutlich, wie ungemein wichtig es ist, dass Feuerholz so trocken wie möglich verbrannt wird. Sie vergeuden eine Menge Energie, wenn das Feuer erst die Nässe aus dem Holz herauskochen muss. Auch der Brennraum und Schornstein leiden unter dem Wasserdampf.

Selbst lange, aber falsch gelagertes Holz kann so viel Wasser enthalten, dass es zum Heizen unmöglich taugt. Ich habe nachgewogen: 10 kg Birkenrundholz, das ohne Abdeckung zwei Jahre schattig im Wald gestapelt war, verlor gespalten in wenigen Stunden am wärmeabstrahlenden Ofen noch 2,5 Kilogramm an Gewicht (also 2 ½ Liter Wasser!). Kaum vorstellbar, was an Energie verschwendet und der Feuerstelle zugemutet wird, wenn man so nasses Holz verbrennt!

Ob vor dem Haus unter einem vorspringenden Dach (möglichst auf der Südseite, doch mit Luft zwischen Holz und Hauswand!), ob auf dem zugigen Dachboden oder unter dem Schuppendach, ist im Grunde unerheblich. Nur geschlossene Räume eignen sich nicht für Ihr „Brennholzdepot".

Zur sogenannten „Überlagerung" von Brennholz gibt Dipl.-Holzwirt Georg Krämer (Institut für Brennholztechnik, Bad Wildungen) folgende Stellungnahme:

Brennholz kann lufttrocken und vor direkter Witterung geschützt lange gelagert werden, ohne an Heizwert oder Substanz zu verlieren; eine vielfach behauptete Überlagerung ist bislang nicht bekannt. Sonst müssten Jahrhunderte altes trockenes Bauholz, alte Möbel etc. ja ihren Dienst versagen.

Schimmelpilzbefall ist auf falsche Lagerung bzw. behinderte Trocknung und zu geringe Luftbewegung zurückzuführen, bringt aber zunächst keinen Heizwert- oder Substanzverlust. Die Lagerdauer (Trockenzeit) an sich ist kein Maß für das Erreichen einer niedrigen Holzfeuchte. Substanz- und Heizwertverlust entstehen durch Pilze, die entweder schon im Holz angesiedelt waren (z.B. bei langer Waldlagerung oder ungünstiger Fällzeit) oder in für Pilze nährstoffreichem Erdkontakt und günstigem Klima (relative Luftfeuchte > 70%; Temperaturen zwischen 20 und 35°C und unbewegte Luft) das Holz abbauen.

Die Holzfeuchte kann inzwischen mit einem Messgerät (Abb. 87) nach dem Prinzip des elektrischen Widerstandes gemäß IBT-Richtlinie zur Messung und Bestimmung der Brennholzfeuchte einfach und kostengünstig festgestellt werden (www.ibt-kracmer.de).

87 Holzfeuchtebestimmung am gespaltenen Scheit nach der IBT-Richtlinie zur Messung und Bestimmung der Brennholzfeuchte. Quelle: Institut für Brennholztechnik, 2008; www.ibt-kraemer.de

Meine Erfahrung mit einem solchen Feuchtemessgerät lieferte schon erstaunliche Erkenntnisse: So habe ich z.B. bei einem von Februar bis November gut gelagerten Birkenholzscheit außen schöne 14%, im Inneren aber schlechte 22% Feuchte gemessen. Ein Nachtrocknen ist nach einem 3/4 Jahr Trocknung also durchaus angebracht.

Nach all der Mühe, einen ausreichenden Holzvorrat anzulegen und ihn richtig aufzubewahren, verschafft der Anblick eines ordentlichen Brennholzstapels ein gutes Gefühl und befriedigt obendrein unseren Sammeltrieb. Einwandfreies Feuern und angenehmes Heizen sind später zudem der Mühe Lohn.

Verbrennen und Heizen

88 *Holzfeuer im einfachen Hüttenofen ...*

89 *...oder im feinen Kachelkamin. Quelle: HARK, Duisburg*

Friedrich von Schiller konnte wohl kaum einen anderen Energieträger als Holz im Sinn gehabt haben, als er 1799 in „Das Lied von der Glocke" so fabelhaft dichtete:

Wohlthätig ist des Feuers Macht,
Wenn sie der Mensch bezähmt, bewacht.

Wir wollen nicht unbedingt Metalle zum Schmelzen bringen, finden es aber auch wohltätig und wohltuend zugleich, unser Heim mit *Holzfeuer* zu heizen.

Auf die Wohltätigkeit für Sie und Ihren Geldbeutel, für die Umwelt und die Waldwirtschaft habe ich von Anfang an hingewiesen. Ein Ofen- oder Kaminfeuer bereitet aber auch viel Freude und Behagen.Es vermittelt den direkten, ursprünglichen Kontakt mit den „bezähmten" Flammen. Kein noch so dekorativer Heizkörper beschert uns einen so gesunden Luftaustausch und so angenehme Wärme in behaglicher, romantischer Atmosphäre. Dazu gehört für mich unbedingt auch der urige Sound der Nadelhölzer. Das Prasseln und besonders der explosionsartige Knall beim Platzen der Harzgallen (Harztaschen) von Fichtenholz gibt dem Ganzen erst das typisch-heimelige Gefühl. Deshalb wird mein Kamin meistens mit gemischtem Holz (Nadel und Laub) versorgt.

Anfeuern

Zu diesen Freuden gehört natürlich vorher ein gekonntes Anheizen (Anmachen, Anschüren): Lufteinlässe vollständig öffnen, etwas Zeitungspapier oder Kienholz (Kienspäne, s. auch Seite 59), dazu eine Hand voll Reisig, darauf locker ein paar dünne Scheite Fichten- oder auch Birkenholz – fertig!

Das harzreiche Fichtenholz entzündet leicht, während das dichte Eichenholz deutlich mehr Feuer braucht! Manch einer reserviert sich fürs Anzünden auch Tannenzapfen oder Kienäppel (von Kiefern). Gekaufte Anfeuerhilfen können durch ihre ziemlich anhaltende Flamme Papier ersetzen.

Übrigens: Wenn Sie beim Spalten Ihres Kiefernholzes darauf Acht geben, finden und riechen Sie, besonders im Wurzelholz, genügend harzreiche Stücke, die sich als Kienspäne leicht aufspalten (schleißen) lassen und als Anfeuerhilfe wertvolle Dienste tun.

Nadelholz hat einen Harzgehalt bis zu 4,8%. Im verkienten Wurzelstock der Kiefer können Sie mehr als 15% Harzanteil finden. Erst wenn im Brennraum die Anfeuerungsschicht voll entflammt ist und Glut bildet (was zur Vermeidung einer schadstoffreichen Rauchentwicklung möglichst schnell und heiß vonstatten gehen sollte!), legen wir vorsichtig einige größere Scheite nach.

Das Ganze mag wie eine komplizierte, Schmutz machende Prozedur anmuten, die man sich möglichst selten zumuten sollte – ist es aber nicht! Wie das gekonnte Aufbereiten des Brennholzes vom Baum bis zum trockenen Scheit ist auch das richtige Anfeuern eine reizvolle Herausforderung an unsere Geschicklichkeit. Und die Gewissheit ist höchst befriedigend, nicht nur irgendwie Feuer in Gang zu bringen, sondern dabei die Umwelt geringstmöglich belastet und die Nachbarn kaum belästigt zu haben.

90 Modernes „Zunder geben."

91 Trockenes Dünnholz, gute Glut, und viel Luft ergeben helle Flammen.

Regelung der Luftzufuhr

Auch die Regelung der verschiedenen Zuluftmöglichkeiten für das effiziente weitere Feuern mag schwierig erscheinen. Bei einiger Achtsamkeit und Interesse für saubere und bestmögliche Wärmeerzeugung haben Sie aber die technischen Möglichkeiten Ihres Holzbrenners bald im Griff. Anspruchsvolle Hersteller von Kaminöfen/Kachelkaminen liefern zudem ausführliche Bedienungsanleitungen, die auch auf das Thema der zweckmäßigen Luftzufuhr eingehen.

Unmittelbar damit verknüpft ist die „Luftabfuhr". Und die ist für unsere Umwelt und Nachbarn von größtem Interesse! Transportiert sie doch mittlerweile durch die steigende Verbreitung der Holzfeuerstätten immer mehr Luftschadstoffe nach „draußen". Kein Wunder also, dass sich das Bundesumweltministerium dieses Problems annimmt. Wenn Sie zu den glücklichen Besitzern eines technisch modernen Heizgerätes gehören, werden Sie die geplanten neuen Emissionsgrenzwerte bereits einhalten können. Ihr Kaminkehrer gibt Ihnen durch eine Vorort-Messung Gewissheit.

„Sofern …" (so in einer Presseinformation des Bundesverbandes des Schornsteinfegerhandwerks – ZIV -) „die Einhaltung der Grenzwerte nachgewiesen werden kann, ist ein zeitlich unbegrenzter Betrieb möglich. Erst wenn dies nicht möglich ist, bedürfen die Einzelraumfeuerungsanlagen einer Nachrüstung oder müssen gegen eine emissionsarme Anlage im Rahmen eines mehrstufigen, langfristig angelegten Sanierungsprogramms in den Jahren 2014 - 2024 ausgetauscht werden. Den Betreibern wird also genügend Zeit für die individuelle Planung eingeräumt. Denn wenn eine Nachrüstung oder ein Austausch ansteht, sind die Anlagen im Schnitt mindestens 30 Jahre alt!".

Grenzwerte hin, Nachrüstung her: Unser Bestreben muss es sein, eine möglichst angenehme Raumtemperatur zu erzielen und dabei so sauber wie eben möglich zu feuern. Lassen wir *zu viel Luft* in den Brennraum, jubeln die Flammen und jagen das schädliche Holzgas und enorm viel Heißluft mit

Schadstoffen durch den Schornstein. Wir belasten die Umwelt, verschwenden zu viel Wärmeenergie und verbrauchen obendrein zu viel Holz.

Lassen wir das Feuer dagegen bei zu geringem Lufteinlass mit *Luftmangel* ringen, so riskieren wir einen rauchigen Schwelbrand mit ebenso unangenehmen Begleiterscheinungen: Der Brennraum, der Abzug und die Glasscheibe verrußen, die Umwelt wird durch unverbrannte Holzinhaltsstoffe (Ruß, Teer, Kohlenmonoxid etc.) belastet, und die Nachbarschaft beschwert sich zu Recht über Geruch oder gar Qualm.

92 Eine wahre Freude: Der Blick in die „Brennkammer".

Den *Umfang des Feuers* und damit die Raumtemperatur beeinflussen wir durch mehr oder weniger häufiges Nachlegen, die Stärke der Scheite und, wenn hoffentlich verfügbar, mit unterschiedlich brennenden Holzarten. Dabei sind vor allem die leichter brennenden dünnen Scheite (siehe S. 58) hilfreich.

Für die *Brennfreudigkeit* ist neben der Trockenheit der Scheite die Luftzufuhr (Primärluft) von entscheidender Bedeutung. Packen Sie die Brennkammer nicht zu voll und sorgen Sie für eine gründliche Verbrennung der Holzgase, die sich im oberen Bereich des Brennraums abspielt. Genau dahin wird die bereits hoch erhitzte Zweitluft (Sekundärluft) geführt, wenn Sie den dafür zuständigen Lufteinlass (in der Regel über der Tür) geöffnet halten. Moderne Kaminöfen (Abb. 93) ermöglichen dafür die Zufuhr von „Tertiärluft",

93 Kaminofen DAN SKAN TWIST, 6/7 kW von DAN SKAN.

die an der Innenseite der Tür strömt, erhitzt wird und damit zugleich das Verrußen der Scheibe verhindert (Scheibenspülung).

Haben Sie inzwischen eine ordentliche Glut als Basis in der Brennkammer, dann ist es etwas Schönes und auch Gefühlvolles, ein markantes, knorriges Holzstück nachzulegen, das sich zwei oder drei Jahre zuvor kräftig gesträubt hatte, zerkleinert zu werden. Man erinnert sich, erkennt es wieder und übergibt es fast schon ehrfürchtig, jedenfalls aber vorsichtig dem Brand. Vorsichtig deshalb, weil sonst allzu leicht die Glut zerstört und womöglich durch den Rost in den Aschenkasten gedrückt würde.

Wie gesagt: Es muss schon tüchtig Brand, Glut und Luftzufuhr vorhanden sein für so einen erinnerungswürdigen Kloben, der vielleicht einen höheren Harzgehalt (= höheren Heizwert) hat, jedenfalls aber dauerhafter brennt und nicht nur vor sich hin schwelen soll. Dieses schon erwähnte Schwe-

94 Heizwerte der verschiedenen Holzarten im Überblick. Quelle "top agrar extra" mit freundlicher Genehmigung der Zeitschrift "top agrar". Landwirtschaftsverlag GmbH, 48048 Münster

Heizwerte der verschiedenen Holzarten im Überblick					
	Baumart	Dichte im Durchschnitt kg/m³	Heizwert „lutro" in kWh/kg	Heizwert „lutro" in kWh/m³	1 rm ersetzt diese Menge Heizöl in l
Laubhölzer	Ahorn	522	4,1	1900	190
	Birke	450	4,3	1900	190
	Eiche	561	4,2	2100	210
	Esche	564	4,2	2100	210
	Pappel	377	4,1	1200	120
	Robinie	647	4,1	2100	210
	Rotbuche	554	4,0	2100	210
	Ulme	556	4,1	1900	190
	Durchschnitt	528,9	4,1	1912,5	191,3
Nadelhölzer	Douglasie	412	4,4	1700	170
	Fichte	377	4,5	1600	160
	Kiefer	431	4,4	1700	170
	Lärche	487	4,3	1700	170
	Tanne	332	4,5	1500	150
	Durchschnitt	407,8	4,42	1640	164

len, das übrigens auch gern an den Enden überlanger Scheite auftritt, wollen wir ja möglichst vermeiden.

Die unterschiedlichen Heizwerte unseres Brennholzes hängen, neben der Feuchtigkeit, noch von weiteren Faktoren ab: Die Dichte und Zusammensetzung (Zellulose, Lignin etc.) sowie die Inhaltsstoffe (Harze, Öle etc.) beeinflussen das Gewicht und das Volumen der Hölzer und damit ebenfalls den Heizwert.

Wenn wir vom *Holzgewicht* ausgehen und gleiche Feuchte (lufttrocken) voraussetzen, so sind die *Heizwertunterschiede* zwischen unseren Holzarten gar nicht so beträchtlich. Die Tabelle auf der linken Seite, Abb. 94, zeigt, dass der gewichtsbezogene Heizwert der spezifisch leichteren Nadelhölzer etwas größer ist als der von Laubholz.

Anders sieht es aus, wenn wir vom *Holzvolumen* (gemessen in Raummeter rm oder Ster) ausgehen. Das Laubholz hat weniger gut brennbare Harze, Öle etc., ist aber in der Regel wesentlich dichter, also auch schwerer. Das bedeutet, dass Sie mehr Lagerraum benötigen, falls Sie nur knisterndes Nadelholz verbrennen, aber den gleichen Heizwert erreichen wollen wie mit Laubholz.

95 Laubholz ist spezifisch schwerer als Nadelholz. oben 1 kg Laubholz (Eiche), unten 1 kg Nadelholz (Fichte).

Der Aschenkasten

Am Schluss dieses Kapitels soll noch der allgemein weniger geliebte Aschenkasten erwähnt werden. Es ist immer wieder erstaunlich, wie wenig doch von unserem Wärmespender Holz nach der Verbrennung übrig bleibt: Ein Zentner Holz, dem weder Erde, Sand oder andere Zutaten anhaften, wird bei sachgerechter Verbrennung nur ungefähr ein halbes Pfund Asche hinterlassen! Dennoch muss

96 Der Aschenkasten ist leichter als ein Kuchenblech.

97 Dieses Buch erschien 1940 in der Franckh'schen Verlagsbuchhandlung in Stuttgart.

der Aschenkasten ab und zu geleert werden. Bekanntlich ist Asche superleicht und staubt leicht. Deshalb gehen wir mit Sorgfalt und ohne Zugluft bei ihrer Entsorgung zu Werke.

Holzasche, dieses nur langsam abkühlende Endprodukt unseres Energiespenders Brennholz, ist zumindest für Gartenbesitzer kein Abfall. Sie besteht etwa zur Hälfte aus Kalzium, weiter aus Kalium, Magnesium und vielen anderen Inhaltsstoffen, alles Bestandteile, welche die Asche zu wertvollem Gartendünger machen und bestens zur Kompostierung dienen.

Man kann sie auch gleich auf die winterlich abgeernteten Beete streuen, wobei Vorsicht geboten ist: Asche glüht lange nach und fliegt schon bei leichtem Gegenwind wieder auf Sie zu!

98 Kachelherd ohne Fenster, dafür mit Kochherd und Backfach. Quelle: HARK

Holzöfen

Dem Zauber des Feuers geben sich die Menschen seit Urzeiten aus vielerlei Anlässen hin. Es muss heute kein Lagerfeuer sein, und es braucht auch kein Riesenfeuer im offenen Kamin eines kalten Fürstenschlosses, um die Vorzüge eines Holzfeuers zu genießen.

Die Ofen- und Kaminhersteller bieten für fast jedes Zuhause eine geeignete Lösung für die – auch nachträgliche – Anschaffung einer „Holzfeuerstelle" Vgl. Seite 67). Und je nach Preislage und Nutzung ist der Erwerb durch die Einsparung von Öl oder Gas bald refinanziert.

Kaminöfen mit verschließbarem Feuerraum erzielen durch die bessere Regulierbarkeit der Luftzufuhr einen hohen Wirkungsgrad. Und durch eine hitzebeständige Glasscheibe bleibt die Freude am Spiel der Flammen beinahe ungetrübt erhalten. Einige Beispiele aus dem riesigen Markt moderner Holzfeuerstellen zeigen die Abbildungen auf diesen Seiten.

99 Wärmespeichernder Specksteinofen. Quelle: Fa. Morso

Bei *Konvektionsöfen* strömt die Heißluft vorwiegend aus den dafür vorgesehenen Kanälen (Schlitzen, Seitenplatten) ins Zimmer. Die Luft zirkuliert und verteilt sich schnell im ganzen Raum.

Bei *Strahlungsöfen* werden erst die gegenüber befindlichen Personen und Gegenstände gewärmt – angestrahlt – und nicht so sehr die Raumluft. Vor allem durch das Innenmaterial des Ofens (Schamotte) wird die Wärme nachhaltig gespeichert und nach und nach abgegeben.

Der altbewährte *Kachelofen* mit ein oder zwei Lüftungsgittern oder „Röhren", die sich öffnen lassen, vereint praktisch beide Systeme. Für die gemütliche Ofenbank ist er immer noch am besten geeignet.

Weitere Informationen zum Thema „Heizen mit Holz" finden Sie unter www.infoholz.de. Das Infoheft „Zukunftssicher Heizen" steht unter www.shop.infoholz.de innerhalb Deutschlands zur kostenlosen Bestellung sowie zum Download zur Verfügung.

100 Attraktiv, interessant als Heizer und so originell wie sein Name: „Bullerjan". Massiv gebogene Stahlrohre sorgen für gute Luftumwälzung und schnelle Wärmeverteilung im Haus oder in der Hütte. Ursprünglich erdacht von kanadischen Holzfällern, seit 25 Jahren gebaut von der Fa. Energetic, Isernhagen-Kirchhorst.
Bullerjan® ist eingetragenes Warenzeichen der Energetec GmbH, Isernhagen. © by Inspirations Ganter.

Der Einbau eines modernen Kaminofens ist auch im alten Mietshaus nicht kompliziert, wenn ein freier Schornstein vorhanden ist und die Erlaubnis des Vermieters vorliegt:

1. Der Meister begutachtet Lage und Qualität des Schornsteins.

2. Der Aktenschrank muss weichen: dahinter liegt der Schornstein.

3. Genau hier muss er sein, der Schornsteinzug fürs Ofenrohr.

4. Der Einstich mit Schlagbohrer, Meißel und Staubsauger.

5. Rauchrohr zusammenstecken und Kacheln aufsetzen – der Ofen ist fast fertig.

6. Flammen und Abzug bestens! Der Kaminofen (DAN SKAN, Modell Alpha) begeistert und sauberes Holz trocknet nach.

Pflege und Reparatur der Werkzeuge

Was für eine Frau die schicke Boutique, ist für mich die Abteilung Holzbearbeitungsmaschinen und -werkzeuge im gut sortierten Fachgeschäft oder Baumarkt. Man muss sich schon im Zaum halten, um nicht allen Verlockungen nachzugeben. Und: Allzu viel Werkzeug ist zum Feuerholzmachen auch gar nicht erforderlich.

Andererseits wurde bei allen lobenswerten Anstrengungen der Hersteller-Industrie noch kein Arbeitsgerät erfunden, das nicht früher oder später stumpf werden oder sonstige Verschleißerscheinungen zeigen könnte. So ist es oft erstaunlich und geradezu schmerzlich, die abgenutzten Werkzeuge zu sehen, mit denen sich mancher Holzwerker abplagt.

Alle Werkzeuge und Maschinen sollten mit Sorgfalt behandelt und gepflegt werden. Wir vermeiden damit nicht nur unnötigen Kraft-, Kosten- und Zeitaufwand. Die Arbeit macht auch keinen Spaß, wenn Sie sich mit einem stumpfen Hackebeil quälen oder gar mit einer lockeren Axt die Gegend unsicher machen.

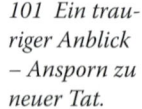

101 Ein trauriger Anblick – Ansporn zu neuer Tat.

Viele kleine Reparaturen am Werkzeug können einfach und leicht selbst ausgeführt werden. In anderen Fällen hilft es allerdings nur noch, in die Werkstatt oder zum Händler zu gehen, um mit einem neuen Werkzeug wieder Freude am Brennholzmachen aufkommen zu lassen.

Beile und Äxte

Wie bei allen holzgestielten Werzeugen, die zu trocken aufbewahrt werden, ist auch bei Beilen, Äxten und Hämmern ein wackeliger Stiel der wohl häufigste Grund für eine Reparatur. Passiert dies fern von zuhause, so mag ein paar Mal das Zurückklopfen auf das Stielende mittels Axt-Eigengewicht

Linderung bringen. Schnellstmöglich sollten Sie aber eine bessere Lösung anstreben. Denn mit einem solchen Werkzeug schlagen Sie unsicher und, was schlimmer ist, Sie gefährden alle und alles um sich herum.

Sitzt der Stiel nur noch locker im Öhr, so fallen mir, je nach Zustand, drei Möglichkeiten ein, um diesem Ärgernis beizukommen:

1. Das geringfügig lockere Beil oder die Axt über Nacht vor dem großen Einsatz in einen Eimer mit Wasser gestellt oder auch nur in ein nasses Tuch gepackt und in eine Plastiktüte gehüllt wirkt Wunder! Allerdings nicht langfristig: Das auf diese Weise gequollene Stielholz kann bei trockenem Wetter bereits nach Stunden wieder schrumpfen und die Axt freigeben.

Sfix-Keil

2. Ein Metall- oder Holzkeil, der das Stielholz im Öhr auseinandertreibt, löst das Problem für längere Zeit. Ringkeile verdrängen das Holz nach allen Seiten, lassen aber später eventuell nötige Zusatzkeile kaum noch zu.

Ring-Keil

3. Stellen Sie Ihre Axt zunächst möglichst tagelang in Ihren trockensten Raum (Heizungskeller) oder in die Nähe Ihres (heizenden) Ofens, so dass der Stiel vollends austrocknet. Meistens kommen einem dann früher versenkte Keile entgegen, die nun durch dickere ersetzt werden können. In den auf diese Weise ausgetrockneten Axtstiel schlagen Sie entweder einen Metallkeil ein oder stechen mit einem Stemmeisen eine keilförmige Nut für einen kräftigen Holzkeil. Diese gibt es aus Hartholz zu kaufen, oder Sie stellen sich welche in Eigenfertigung her. Ich schnitze oder säge je nach Bedarf längere, sich langsam verjüngende Keile zu, um sie so tief wie möglich in den Stiel treiben zu können. Wenn Sie einen zweiten Keil quer einschlagen, können Sie den Stiel im Axtöhr nach allen Seiten gut austreiben.

Holzkeile längs und quer

102 Hilfsmittel zum Einsetzen von Axt- und Beilstielen

Das alles macht ein bisschen Mühe, gehört aber auch zum Hobby und lohnt sich: Axt und Stiel bilden dann schon bei normaler Luftfeuchtigkeit wieder eine sichere Einheit!

103 Das Stielende knapp auf Öhrform hobeln.

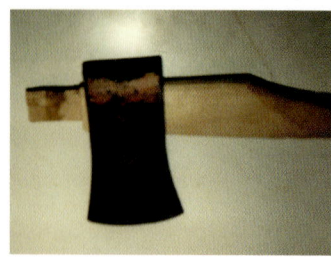

104 Überlanger und schwach keilförmiger Holzkeil, lässt sich mit etwas Holzleim tief eintreiben.

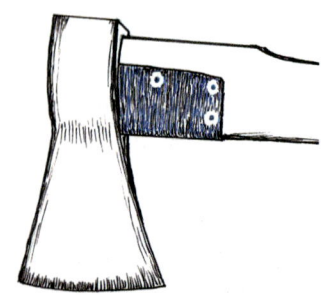

105 „Schutzblech" für den Axtstiel

Einstielen

Ein Stielbruch ist für mich, wenn er denn passiert, noch immer eine kleine Katastrophe, weil es früher dafür arge Schelte setzte. Damals, in der Kriegs- und Nachkriegszeit, gab es keine Ersatzstiele, schon gar nicht so edle, wohlgeformte, wie sie heute in jedem Baumarkt angeboten werden. Mit Hobel, Raspel und Schnitzmesser musste kunstgerecht ein neuer Stiel zurechtgezimmert werden. Von nicht heimischen Hölzern, aus denen heute die Stiele vorzugsweise hergestellt werden (Hickory) wusste man kaum etwas, sondern benutzte Eschenholz, das wegen seiner Festigkeit und Elastizität für Axtstiele fast genauso gut ist.

Wir schenken uns heutzutage natürlich den Eigenbau. Was uns geblieben ist, ist das Entfernen des Stielrestes aus dem Öhr und das neue Einstielen. Oft helfen nur Hammer, Meißel und Gewalt, um den Holzstummel aus dem Axtöhr zu bekommen. Weigert er sich hartnäckig, kann man noch mit einem Holzbohrer vorsichtig Lockerung schaffen. Vom Ausbrennen ist abzuraten, denn allzu leicht könnte die Härte des Axtstahls dadurch beeinträchtigt werden.

Meist muss auch der edelste Hickorystiel noch der Öhrform angepasst werden, notfalls wie in alten Zeiten mit Hobel, Raspel und Messer. Dabei stellt man oft fest, dass das Axtöhr nach außen etwas erweitert ist. Das hat seinen Grund: Durch den unerlässlichen Keil spreizen wir den vom Hersteller bereits vorgeschlitzten Stiel so auf, dass die Axt zunächst festsitzt.

Wollen Sie ganz sicher gehen, sollten Sie auch hier gleich oder nach einigem Gebrauch einen Ringkeil oder einen zweiten Holzkeil quer einschlagen, um das Stielholz auch in der Länge des Öhrs so gut wie möglich auszuweiten.

Hier noch ein Geheimtipp: Bei der Prozedur des Einstielens ist es angebracht, eine Dosenblech-Schürze einzubauen! Die Bastler unter Ihnen haben eine Blechschere im Haus und verzichten dafür gern einmal auf die Rücknahme des Dosenpfandes. Die Zeichnung (Abb. 105) veranschaulicht, wie der Axtstiel mit der halben Blechummantelung vor dem leidigen Abnutzen durch die scharfen Kanten der Holzscheite geschützt werden kann. Äxte mit einem solchen Stielschutz gibt es übrigens auch zu kaufen. Manche Profis ziehen zu diesem Zweck Gummiringe von Auspuffanlagen auf den Axtstiel.

Schärfen

Stumpf werden Beile und Äxte durch fleißiges Benutzen, schartig vor allem durch Zweckentfremdung und Unaufmerksamkeit beim Gebrauch (Steine, Draht, Nägel). Unterbrechen Sie die Arbeit, statt dem unguten Motto: „Wird schon noch gehen .." zu folgen. Nehmen Sie sich Zeit zum Nachschärfen. Im Wald kann man sich notdürftig mit einer guten Flachfeile

106 Schleifbock mit Sandsteinscheibe: dieser hat Hand- und Fuß-Antrieb und einen feuerverzinkten Wassertrog. Quelle: GeoProdukter

107 Elektrische Schleifmaschine für Nass- und Trockenschleifen (20 mm Motorwelle). Quelle: Fa. Güde GmbH & Co.KG

behelfen. Zu Hause muss maschinell wieder für einen einwandfreien Schliff gesorgt werden.

Es ist nicht anzunehmen, dass Sie über den guten alten, immer tropfenden Holzschleifbock mit der durchs Wasser laufenden Natursandsteinscheibe samt Handkurbelantrieb verfügen. Solche Geräte gibt es heute kaum noch: Auf Seite 70 ist interessehalber ein „Luxusmodell" aus Schweden zu sehen. Eine kleine elektrische Schleifmaschine, auch ein „Flex"-Winkelschleifer, tut es müheloser. Doch Vorsicht: Bei der hohen Drehzahl und ohne Wasserkühlung besteht die Gefahr, dass der Stahl an der Axtschneide überhitzt und dadurch an Härte verliert. Achten Sie auch darauf, dass die Schneide ihre Form behält oder wiedererlangt, und polieren Sie mit einem feinen Schleifstein oder einer Abziehscheibe nach.

Keile

Diese wertvollen Hilfsmittel für Brennholzmacher werden an beiden Enden stark beansprucht und müssen, wie Beile und Äxte, nachgeschärft werden.

Holzkeile in verschiedenen Stärken sind sehr praktisch, verschleißen aber natürlich besonders stark. Doch ist es, wie in Abb. 108 dargestellt, kein Problem, sich unfallsicher neue herzustellen, wenn man (wie beim Pfahlspitzen) erst die Keilform mit dem Beil anschlägt und das Holz dann auf die gewünschte Länge schneidet.

Die Bügelsäge

Wir erhalten die Spannkraft des Stahlrohrbogens, indem wir den Spannhebel aufklappen und die Säge entspannt aufbewahren.

Lässt die Schärfe der Zähne mit der Zeit nach, weil Sie vorwiegend Hartholz geschnitten und vielleicht ab und zu auch einen Nagel getroffen haben, dann leisten Sie sich am besten gleich ein neues Sägeblatt. Das

108 Zuhauen von Holzkeilen mit dem Beil.

Nachfeilen von Hand ist bei den heutigen Sägeblättern aus Qualitätsstahl mit teils hartverchromten Spitzen sehr beschwerlich bis unmöglich. Aus dem gleichen Grund ist auch das Nachschränken nicht leicht, aber mit einer Schränkzange (Beispiel Abb. 109) immerhin machbar.

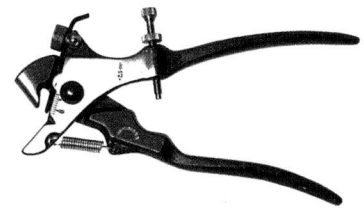

109 Schränkzange für die Ehrgeizigen ...

Dieses Ausbiegen der Zähne ist zu empfehlen, wenn sich die Säge nach längerer Benutzung immer schwerer durch den Stamm ziehen lässt und immer häufiger, besonders bei grün-feuchtem Holz, zum Steckenbleiben neigt.

Schränken Sie mit Gefühl und so gleichmäßig wie möglich. Klappt das, so spüren Sie die Erleichterung sehr deutlich in der nächsten Sägestunde. Verbiegen Sie die Zähne ungleich, *verschränken* sie also, dann wird Ihre Säge zu dem unangenehmen Bogenschnitt neigen, der Zeit und Kraft kostet und später zu einem unsicheren Stand Ihres Holzklotzes auf dem Hackstock oder Senkrechtspalter beiträgt. Ein neues Sägeblatt wäre dann eindeutig besser ...

Die Kettensäge

Wie im Abschnitt *Sägen mit Motor* (Seite 37) schon erwähnt, empfehle ich hier noch einmal, die Gebrauchsanleitung des Kettensägenherstellers gründlich zurate zu ziehen. Der Hersteller gibt (hoffentlich) nicht nur für die Anwendung, sondern auch für die Pflege und Reparatur Ihrer Maschine ausführliche Hinweise.

Ich beschränke mich deshalb auf einige Tipps, die ich aus langjähriger Erfahrung geben kann, und die Ihnen die Freude am Gebrauch der Kettensäge bewahren sollen. Denn das auf Seite 24/25 beschriebene Kraftpaket ist nur dann beim Brennholzmachen eine wertvolle Hilfe, wenn Sie immer auch für eine sachgerechte Wartung sorgen.

Vor Benutzung der Motorsäge ist zu prüfen, ob die Tankfüllung, die Kettenspannung und die Kettenschmierung stimmen (siehe Seite 38).

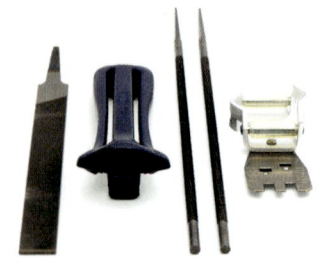

Schneide-Hobelzahn

Tiefenbegrenzer

Laufrichtung

110 Schneideglied einer Sägekette (Halbmeißel).

111 Feilenset zum Schärfen von Sägeketten: Flachfeile, Feilengriff, Rundfeilen,Kombilehre zum Feilen von Schneidzähnen und Tiefenbegrenzer.
Quelle: HUSQVARNA *Deutschland GmbH*

112 Schärflehre zum Nachfeilen der Kette auf der Schiene.
Quelle: Fa. BAHCO, *bei Grube* FORSTGERÄTESTELLE

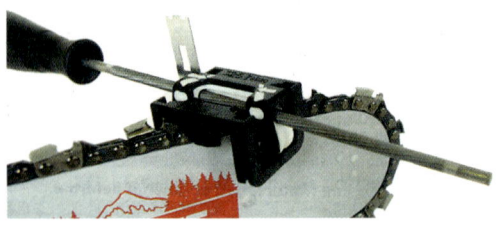

Nach getaner Arbeit ist die Säuberung der Maschine und – unbedingt! – die Reinigung des Luftfilters fällig. Diese kleine Mühe, die vor allem auch Kraftstoff spart und das Anspringen des Motors erleichtert, müssen Sie am Ende eines jeden Arbeitstages walten lassen. Nach mehrfachem Gebrauch ist dann eine gründliche Reinigung laut Anleitung erforderlich.

Dass die Schneidezähne bei längerer Benutzung lieber einmal mehr, dafür nur mit wenigen Feilenstrichen von Hand auf der Schiene nachgeschärft werden sollten, habe ich auf Seite 41 bereits angesprochen. Vor allem nach dem Zerkleinern von Hartholz ist das empfehlenswert und mit etwas Übung sowie mit Hilfe eines einfachen Gerätes (Abb. 112) auch nicht schwierig.

Nach mehrfachem Feilen von Hand und vielleicht nur mit Augenmaß (wer hat schon den genauen Winkel von z.B. 30° im Auge!) müssen die Schneidezähne (Hobel-, Meißelzähne) sowie die Tiefenbegrenzer wieder präzise auf Vordermann gebracht werden. Wenn dieser Tiefenbegrenzer, der die Spandicke bestimmt, nicht nach- bzw. abgefeilt wird, lässt die Arbeitsleistung Ihrer Maschine spürbar nach: Bei gleicher Motorleistung werden die Säge- (Hobel-) späne dünner und kürzer.

Es gibt Schärfgeräte (Abb. 114, S. 74) für das exakte Nachschärfen der Sägekette. Meine Empfehlung: Beauftragen Sie mit der Überholung Ihrer Kette eine kompetente Werkstatt und besorgen Sie für die Ausfallzeit eine Ersatzkette. Wenn Sie die ganze Maschine ab und zu zur Inspektion ge-

ben, wird Ihre Säge es Ihnen durch stets treue
Dienste danken.

Übrigens: Die Natur dankt es Ihnen, wenn
Sie als Kettenöl, von dem viel benötigt und
auch versprüht wird, ein rasch abbaubares
Bio-Öl verwenden.

Es bleibt natürlich Ihnen und Ihrer Für-
sorglichkeit überlassen, mehr zur Pflege Ihrer
wertvollen Arbeitshilfen zu tun. Es wäre auch
kaum möglich und ist gewiss nicht nötig,
noch weiter in Einzelheiten einzusteigen. So
dürfte es zum Beispiel müßig sein zu erwäh-
nen, dass man die Metallteile an allen Werkzeugen nach Gebrauch säubern und mit etwas
Öl abreiben sollte. Vielleicht tun Sie es, vielleicht auch nicht. Aber die Freude am Hobby
kommt nicht von alleine ...

113 Reinigung der Sägekette in einem Bad aus Petroleum-/Ölgemisch.

114 Zwei Beispiele für Schärfgeräte von Sägeketten: Links: Schärfen auf der Schiene der Kettensäge: Rechts: Separat von der Schiene, die dadurch frei von Feilspänen bleibt ("Feilgenau" von STIHL). Quelle: Fa. Andreas STIHL

30. Apr. 2004

Ein Lagerfeuer – vor 790 000 Jahren

Der Frühmensch zähmte die Glut

Das erste Lagerfeuer der Steinzeitmenschen loderte vermutlich schon vor mindestens 790 000 Jahren. Das sind mehr als 500 000 Jahre früher als bisher angenommen. Darauf weisen verkohlte Samenkörner, Holzreste und Feuersteine neben noch unbenutztem Holz und Feuerstein im Norden Israels hin. Die Funde am Ausgrabungsort Gesher Benot Ya'aqov präsentiert das US-Fachjournal „Science" (Band 304, Seite 725). Sie könnten erklären, warum etwa zur gleichen Zeit der Vorstoß in die kälteren Klimazonen Europas einsetzte.

Bisher hatten einige alte Fundstätten in Europa sowie eine Höhle in China als Beweis gegolten, dass Menschen schon vor etwa 250 000 bis 300 000 Jahren mit Feuer umzugehen verstanden. Obwohl nicht völlig unumstritten, wird die jüngste Entdeckung in Israel in Expertenkreisen überwiegend akzeptiert. „Ich finde, dies ist der beste Nachweis, den es bisher für die Benutzung von Feuer in der Zeit von vor 250 000 Jahren gab", lobt Richard Klein von der Stanford-Universität in Kalifornien.

Das Team um Naama Goren-Inbar von der Hebräischen Universität in Jerusalem untersuchte insgesamt 23 454 Samen und Überreste von Früchten sowie 50 582 Stückchen Holz an der Fundstätte. Darunter waren Olive, wilder Wein und wilde Gerste. Den Autoren der „Science"-Studie zufolge kommen der Homo erectus, der Homo ergaster oder auch ein ganz früher Homo sapiens als Feuermacher in Frage.

Die Fähigkeit, mit Feuer umzugehen, gilt als entscheidender Schritt in der Entwicklung des Menschen. Er zog drastische Verhaltensänderungen nach sich: in der Ernährung, im Umgang miteinander und der Verteidigung. Vor allem aber könnnte sie die „Eroberung" Europas ausgelöst haben. Gesher Benot Ya'aqov liegt in einer Region, von wo aus die frühen Menschen nach Europa aufbrachen. **dpa**

Liebe Leserin, lieber Leser,

wir wollen gewiss nicht zurück in die Urzeiten (vgl. Zeitungsausschnitt rechts). Wir brauchen das Brennholz auch nicht zum Überleben. Doch: Wenn es draußen Stein und Bein friert, bringt uns ein prasselndes Holzfeuer im Kamin oder Ofen als Zusatzheizung die schönste Gemütlichkeit ins Heim. Und in den Übergangszeiten direkt vor und nach der eigentlichen Heizperiode ist eine Einzelfeuerstätte im Wohnbereich eine sehr angenehme Wärmequelle.

Obendrein können wir uns an dem Gedanken erfreuen, dass wir von den Ölscheichs unabhängiger werden, dass wir ein nachwachsendes Naturprodukt als Energiequelle nutzen und – selbst aufbereitet – damit auch noch richtig Geld sparen!

Ich wünsche Ihnen nun viel Spaß und gutes Gelingen bei Ihrem ebenso vielfältigen und sportlichen wie nützlichen Hobby Brennholzmachen.

Anschriften

Bahco Sna Europe,
Auf dem Hüls 5
D-40822 Mettmann,
www.bahco.com

Binderberger Adolf Vogt
GmbH Werksvertretungen
& Co. KG,
D-57392 Schmallenberg
info@vogtgmbh.com

Bullerjan-Energetec
Gesellschaft für Energie-
technik mbH,
Neuwarmbüchener Str. 2,
D-30916 Isernhagen;
www.energetec.de

DAN SKAN.COM
Burgwedeler Str. 7-8
30657 Hannover
www.danscan.de

Dolmar GmbH
Jenfelder Allee 38
D-22045 Hamburg;
www.dolmar.de

edinger Fachmarkt
GmbH; Mühlenweg 31
97638 Mellrichstadt
www.edingershop.de

Flex Elektrowerkzeuge
GmbH, Bahnhofstr.;
71711 Steinheim a.d. Murr
www.flex-tools.de

Geo Produkter
Matojärvigatan 7;
S-98139 Kiruna
www.geoprodukterab.se

Grube KG Forstgerätestel-
le; D-29646 Hützel;
www.grube.de

Güde Maschinen und
Werkzeuge GmbH &
Co.KG; Birkichstr. 6
74549 Wolpertshausen
www.guede.com

Hark GmbH & Co.KG Ka-
min- und Kachelofenbau,
47228 Duisburg (Rhein-
hausen); www.hark.de

HKL Baumaschinen
GmbH;
Lademannbogen 130
22339 Hamburg
www.hkl-baumaschinen.de

Holzabsatzfonds,
Absatzförderungsfonds
der deutschen Forst- und
Holzwirtschaft
Godesberger Allee 142-148
D-53175 Bonn,
info@Holzabsatzfonds.de

Holzlexikon, DRW-
Verlag Weinbrenner KG
7022 Leinfelden-Echter-
dingen
www.holzlexikon.de

Husqvarna Deutschland
GmbH, Julius-Hofmann-
Str. 4; 97469 Gochsheim
www.husqvarna.de

Kuratorium für Waldarbeit
und Forsttechnik (KWF)
e.V.; Spremberger Str. 1
D-64823 Groß-Umstadt
www.kwf-online.de

Logosol Deutschland
GmbH; Mackstraße 12
88348 Bad Saulgau
www.logosol.de

Makuba Heimwerker
GmbH, ein Unternehmen
der Allit AG Kunststoff-
technik; Rotlay Mühle
D-55545 Bad Kreuznach
www.allit.de

Morso Jernstoberie A/S
DK-7900 Nykobing Mors/
Dänemark
www.morsoe.com

PowerPac Baumaschinen
GmbH, D-61476 Kronberg
www.powerpac.de

Stihl Vertriebszentrale
AG & Co.KG,
Robert-Koch-Str. 13;
D-64807 Dieburg
www.stihl.de

Südharzer Maschinenbau
GmbH, BGU Maschinen
Helmestr. 94;
99734 Nordhausen/Harz
www.bgu-maschinen.de

Vermeer Deutschland
GmbH; Puscherstr. 9
90411 Nürnberg
www.vermeer.de

Wolf-Garten GmbH &
Co.KG; 57518 Betzdorf
www.wolf-garten.de

Stichwortverzeichnis

Weitere Bücher im ökobuch Verlag

Gottfried Haefele, Wolfgang Oed, Ludwig Sabel

Hauserneuerung

Instandsetzen - Renovieren - Modernisieren: eine Anleitung zur Selbsthilfe. Das Buch beschreibt ausführlich den behutsamen, handwerklich sachgerechten und umweltverträglichen Umgang mit alter Bausubstanz. 237 S., 200 Abb., 21 x 21 cm , 11. Aufl. 2010   28,90 €

Ingo Gabriel, Heinz Ladener, Hrsg.

Vom Altbau zum Niedrigenergie- + Passivhaus

Energietechnische Gebäudesanierung in der Praxis: Nachträgliche Wärmedämmung der Gebäudehülle, Fenstererneuerung, Sanierung der Haustechnik einschl. Lüftung, Heizung, Sanitär und Elektro. 262 S. m.v.z.T. farb. Abb., 21 x 21 cm, geb. 9. überarb. u. verbess. Aufl. 2010   29,90 €

Gernot Minke

Dächer begrünen – einfach und wirkungsvoll

Ratgeber für die Begrünung von Wohn- und Bürogebäuden, Garagen und Carports. Mit Konstruktionsdetails, Dachaufbauten, Kosten u. Selbstbauhinweisen. 94 S. m.v.Abb., 17x24 cm, 4. Aufl. 2010   12,95 €

Peter Himmelhuber

Terrassen und Decks aus Holz selbst gebaut

Planung und Ausführung von Holzdecks einschließl. Kostenüberlegungen. Beispiele und Schritt-für-Schritt-Fotos vermitteln das Wissen, um selbst schöne Holzdecks zu bauen. 102 S. m.v. farb. Abb., 1.Aufl. 2011   14,95 €

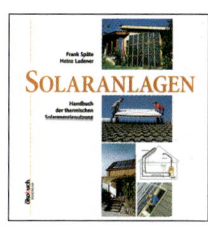

Frank Späte, Heinz Ladener

Solaranlagen

Grundlagen, Planung und Bau solarer Wärmeerzeugungsanlagen. Kompendium der Sonnenkollektortechnik: Warmwasserbereit., Schwimmbad- u. Raumheizung, Großanlagen. 11. Aufl. 2011, 277 S.m.v. Abb.   29,90 €

Dorit Berger

Färben mit Pflanzen

Färbepflanzen - Rezepte - Anwendung. Aufbereitung und Anwendung heimischer Pflanzen zum Färben von Wolle u. Stoff werden in vielen Rezepten beschrieben. 2.Aufl. 2011, 96 S. m.v. farb. Abb., 17x24 cm, 12,95 €

Jana Spitzer, Reiner Dittrich

Trockenmauern für den Garten

Bauanleitung & Gestaltungsideen. Sitzplätze oder Hochbeete einfassen, eine Hangfläche terrassieren oder das Grundstück eingrenzen. Wie jeder Trockenmauern selbst bauen kann. 95 S., farbig, 2. Aufl. 2010,   13,95 €

Maggy Howarth

Kieselstein-Mosaik

Schöne Böden für Wege und Lieblingsplätze im Garten selbst gestalten. Exakte Anleitungen für einfache und fortgeschrittene Arbeiten mit Tips aus der Praxis. Viele Gestaltungsvorschläge geben Anregung für eigenes kreatives Schaffen. 118 S. m.vielen z.T. farb. Abb., 4. Aufl. 2010   20,90 €

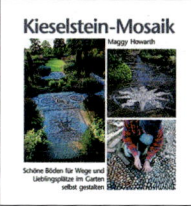

Susie Vaugham
Einfach Korbflechten
mit Ruten und Zweigen aus dem Garten und vom Wegesrand. Hier wird gezeigt, wie das Flechten formschöner, farbiger Körbe mit einfachen Techniken zu erlernen ist. 80 S., farbig, 21 x 21 cm, geb. 3. Aufl. 2010   13,90 €

Claudia Lorenz-Ladener, Hrsg.
Lauben und Hütten
Einfache Paradiese zum Selbstbauen. Bauanleitungen für schnell zu errichtende Behausungen (Tipi, Baumhaus, Kuppelbau, Hogan etc.), sowie für schöne Lauben für den Garten. 4. Aufl. 2009, 190 S. m.v.Abb., 22,90 €

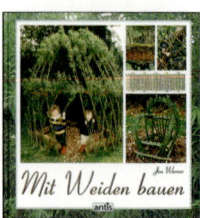

Jon Warnes
Mit Weiden bauen
Anleitungen für Zäune, Laubengänge, Sitzplätze und grüne Kuppeln. Pflanzen und Arbeiten mit lebendem Material, aus dem sich viele schöne, nützliche Dinge herstellen lassen. 6. Aufl. 2009, 60 S. farbig, geb.   12,95 €

Daniel Mack
Möbel aus Wildholz
Wieviel Äste braucht ein Stuhl? Der Autor stellt moderne Wildholzmöbel vor und beschreibt, worauf es bei der Holzauswahl ankommt, wie Wildholz bearbeitet u. zu Möbeln zusammengefügt wird. 168 S.m.v.Abb.,   25,90 €

Terre Vivante, Hrsg.
Natürlich konservieren
Die 250 besten Rezepte, um Gemüse und Obst möglichst naturbelassen haltbar zu machen und Vitamine, Nährstoffe und Geschmack zu erhalten. 157 S. m.v.Abb., 4. Aufl. 2011   13,90 €

Claudia Lorenz-Ladener
Naturkeller
Grundlagen und praktische Anlagen für Planung und Bau von naturgekühlten Lagerräumen im Haus oder Freiland. 138 S. m.v.Abb., 17x24 cm geb. 11. Aufl. 2011   19,90 €

Karl-Heinz Böse
Regenwasser für Garten und Haus
Ratgeber für Planung und Bau von Regenwassersammelanlagen nach dem Stand der Technik: Bemessung, Genehmigung, Speichertanks, Pumpen, Rohrleitungen und Zubehör. 109 S. m. v. Abb., 6. Aufl. 2011   12,95 €

Hans-P. Ebert, Thorsten Beimgraben
Heizen mit Holz
Holzeinkauf, Zurichten des Waldholzes, Lagerung und Trocknung, Anforderungen an Feuerstelle und Schornstein, verschiedene Ofentypen u. ihre Einsatzbereiche. 160 S. m.v. Abb., 14. neu bearb. Aufl. 2011   12,95 €

Preisstand: 1.1.2012 Die Bücher erhalten Sie in allen Buchhandlungen!

 **Verlag GmbH ·**
Postfach 1126 · 79216 Staufen

℃ 07633-50613 · ✉ 50870 · email: oekobuch@t-online.de · http://www. oekobuch.de